CORRIGÉ

DE

LA CACOGRAPHIE.

CORRIGÉ

DE

LA CACOGRAPHIE,

OU

PHRASES mal orthographiées et non ponc-
tuées, rendues correctes en faveur de
MM. les Instituteurs, etc.

Par J. E. J. F. BOINVILLIERS.

SIXIÈME ÉDITION,

AUGMENTÉE D'UN PETIT TRAITÉ DES PARTICIPES.

Cur nescire, pudens pravè, quàm discere, malo?
HOR.

Pourquoi, par une honte ridicule, aimerai-je mieux
ignorer qu'apprendre?

PARIS,

DE L'IMPRIMERIE D'AUGUSTE DELALAIN,
LIBRAIRE, rue des Mathurins St.-Jacques, n°. 5.

1819.

Toutes mes Éditions sont revêtues
de ma signature.

Auguste Delalain

DU PARTICIPE.

LE Participe est un mot qui qualifie un substantif par l'idée d'une action ou d'un état : d'une action, comme *battant*, *caressant*, etc.; d'un état, comme *battu*, *caressé*, etc. Ce mot est appelé *Participe*, parce qu'il tient tantôt de la nature du verbe, comme une mère battant ou caressant ses enfants; elle a battu ou caressé ses enfants; et tantôt de la nature de l'adjectif, comme cette mère est fort caressante, ses enfants sont extrêmement caressés, ils ne sont jamais battus.

Il y a deux sortes de Participes : le participe *Présent*, et le participe *Passé*. Le premier nous présente le substantif comme faisant l'action (*battant*, *caressant*); le second nous le présente comme souffrant l'action (*battu*, *caressé*).

PARTICIPE PRÉSENT.

Le participe présent du verbe *être* ne s'accorde jamais avec son substantif; c'est pourquoi l'on doit écrire : vos parents *étant* à la campagne, je n'irai pas les voir.

Le participe présent qui exprime une action, demeure aussi invariable. Exemple : mes frères *ayant* sous les yeux de semblables modèles, ne *voulant* jamais s'écarter de la bonne route, *aimant* et *pratiquant* la justice, *ayant* toujours rempli leurs devoirs, ne *briguant* que les suffrages des honnêtes-gens, ne pourront jamais trahir la confiance dont ils jouissent.

Le participe présent qui exprime une qualité, un état, une situation, s'accorde avec le substantif qui l'accompagne. Exemples : cette femme est *obligeante*. Ces portraits sont *parlants*. Cette jeune personne était *tremblante*. Les plaisirs de ce monde sont bien *séduisants*. Les enfants ne sont pas toujours bien *caressants*. La cour *séante* à Amiens. Les hommes *errants* me sont suspects. Il se baignait dans des eaux *courantes*. J'ai vu cette mère *pleurante*. Messieurs, vous n'êtes pas *consolants*.

Observation. Quand un participe présent vous laisse quelque doute sur sa nature, construisez le avec le verbe *être*; s'il repousse le verbe *être*, il reste invariable; s'il l'admet, il prend les inflexions du genre et du nombre.

PARTICIPE PASSÉ.

I.

Le participe passé, quand il est seul ou joint au verbe *être*, s'accorde toujours avec le substantif qui l'accompagne. Exemples :

Des pleurs *répandus*.
Des larmes *répandues*.
Des princes *avilis*.
Des couronnes *avilies*.
Cette femme est *tombée*.
Ces femmes sont *tombées*.
Cette muraille a été *peinte*.
Ces murailles ont été *peintes*.
Qu'est *devenue* cette reine du monde ?
Que sont *devenus* tant de royaumes ?

Une foule de soldats sont *accourus.*
Un grand nombre de femmes sont *accourues.*
La plûpart des châteaux étaient *abandonnés.*
La plûpart des chaumières étaient *abandonnées.*

II.

Le participe passé joint au verbe *avoir*, reste invariable quand il n'a pas de complément direct, ou quand ce complément direct est placé après lui. (1) Exemples :

Nous avons *admiré.*
Vous avez *lu.*
Ils ont *plaint.*
Elles auraient *chanté.*
Elles ont *paru.*
Nous avons *admiré* ces tableaux.
Vous avez *lu* des romans.
Ils ont *plaint* ces infortunés.
Elles auraient *chanté* vos couplets.

---

(1) Un complément *direct* est le mot qui répond à l'interrogation *qui* ou *quoi.* Par exemple, vous me dites : *j'ai frappé ;* je demande, qui avez-vous frappé ? Réponse : *un enfant.* Qu'avez-vous frappé ? Réponse : *le mur.* Ces deux mots *enfant* et *mur* sont compléments directs du verbe *frapper.*

Le complément *indirect* est le mot qui répond à l'interrogation *de qui* ou *à qui, de quoi* ou *à quoi.* Vous me dites : *j'ai reçu une lettre ;* je demande, de qui l'avez-vous reçue ? Réponse : *de ma mère ;* ma mère est le complément indirect du verbe *recevoir.* Si je dis : j'ai rendu une visite *à mon ami,* mon ami est le complément indirect du verbe *rendre.* Si je dis : je vous accuse *de mauvaise foi,* mauvaise foi est le complément indirect du verbe *accuser.* Enfin, si je dis : nous le destinons *à cette profession,* profession est le complément indirect du verbe *destiner.*

Elles ont *paru* bien prudentes.

Que vous avez *remporté* de prix!

Combien j'ai *passé* d'années à Rome!

Tu nous as *causé* de grands chagrins.

Remarque. Il ne faut avoir égard ni au sujet du verbe, ni à son complément indirect; c'est pourquoi nous écrivons « elles ont *paru*, et non pas *parues*; tu nous as *causé*, et non pas *causés* », quoique le pluriel féminin *elles* précède le verbe *ont paru*, et quoique le pluriel masculin *nous* précède le verbe *as causé*. *Elles* est sujet, dans la première phrase, et *nous* est complément indirect, dans la seconde. (1)

III.

Le participe passé joint au verbe *avoir* ou au verbe *être*, employé pour *avoir*, est déclinable quand le complément direct se trouve placé avant lui. Exemples :

Tu nous as bien *servis*.

Je les ai *obligés*.

Messieurs, je vous ai *attendus*.

Les biens que j'ai *cédés*.

Les métairies que tu as *achetées*.

Ces tableaux, je les ai *admirés*.

Ces histoires, nous les avons *relues*.,

Ces infortunés que j'ai *plaints*.

Ces femmes, je les ai *plaintes*.

Que de prix il a *remporté*s!

· Combien d'années j'ai *passées* à Rome !

___

(1) On appelle *sujet* ce qui est appelé *nominatif* par quelques grammairiens.

Les chagrins que m'a *causés* cet enfant.
Ces canaux, on les a *crus* nécessaires.
J'ai déchiré cette lettre quand je l'ai *eue lue.*
Ils se sont *frappés* (c. à d. ils *ont* frappé soi.)
Elles se sont *déchirées* (c. à d. elles *ont* déchiré soi.)
Nous nous étions *vantés* (c. à d. nous *avions* vanté nous.)
Elle s'est *rendue* célèbre (c. à d. elle *a* rendu soi célèbre.)

IV.

Le participe passé joint au verbe *avoir*, et suivi d'un infinitif actif, est déclinable, lorsque le complément direct est placé avant lui, et qu'il est sous la dépendance du verbe *avoir*, et non pas de l'infinitif. Exemples :

Les acteurs que j'ai *vus* jouer.
Les oiseaux que j'ai *entendus* chanter.
La terre, je l'ai *sentie* remuer.
Cette dame, nous l'avons *admirée* danser.
Mes fils que j'ai *envoyés* jouer.
La montre que tu as *envoyée* à raccommoder.
Ces dames, je les ai *assurées* de mon respect.
Les jeunes gens que j'ai *eus* à conduire.
Votre sœur que j'ai *laissée* travailler (1).
Ils se sont *écoutés* parler, (c. à d. ils *ont* écouté soi parler.)
Elle s'est *sentie* mourir, (c. à d. elle *a* senti soi mourir.)
Cette artiste s'est *vue* peindre, (c. à d. *a* vu soi peindre.)

(1) Voyez à la suite de ce petit Traité des participes mes OBSERVATIONS sur le participe *laissé* suivi d'un infinitif.

Ils se sont *laissés* tomber (c. à d. ils *ont* laissé
soi tomber.)

Les actions que j'ai *entendues* louer par des
hommes de bien.

Les feuilles que j'ai *vues* emporter par le vent.

Les provinces que le roi avait *laissées* administrer par un seul homme.

Nous nous sommes *entendus* louer par un sage
monarque , (c. à d. nous *avons* entendu nous
être loués par un sage monarque.)

Ils se sont *vus* entraîner par les eaux , (c. à d.
ils *ont* vu soi être entraînés par les eaux.)

Messieurs , vous vous êtes *laissés* dominer par
un funeste penchant, (c. à d. vous *avez* laissé
vous être dominés par un funeste penchant.)

V.

Le participe passé joint au verbe *avoir*, et suivi
d'un infinitif actif, est invariable, lorsque le complément direct du verbe *avoir* est sous-entendu.
Exemples :

Les pommes que j'ai *vu* cueillir.

Les ariettes que tu as *entendu* chanter.

Ma main que j'ai *senti* toucher.

Ces machines que nous avons *admiré* construire.

Votre lettre que j'ai *envoyé* prendre.

Mes papiers que j'ai *laissé* emporter.

Cette femme , il l'a *laissé* outrager.

Les soldats qu'il a *fait* pendre.

Cette femme s'est *vu* humilier , (c. à d. elle a vu
quelqu'un humilier soi.)

Ils se sont *entendu* appeler , (c. à d. ils ont entendu *quelqu'un* appeler soi.)

Ma main s'est *senti* toucher, (c. à d. elle a senti
quelqu'un toucher soi.)

Les juges se sont *laissé* corrompre, (c. à d. ils
ont laissé *quelqu'un* corrompre soi.)

Ils se sont *fait* habiller, (c. à d. ils ont fait *ceci* :
habiller soi.)

VI.

Le participe passé joint au verbe *avoir*, est invariable, lorsque le complément direct exprimé est
sous la dépendance, non pas du verbe *avoir*, mais
d'un infinitif sous-entendu. Exemples :

> Il a obtenu toutes les places qu'il a *voulu* (sous-
> entendu *obtenir.*)
>
> Je lui ai fait toutes les politesses que j'ai *dû*,
> (sous-entendu lui *faire.*)
>
> Il m'aurait accordé tous les secours qu'il aurait
> *pu*, (sous-entendu m'*accorder.*)

VII.

Le participe passé d'un verbe pronominal (1)
est toujours déclinable, lorsque le pronom personnel qui le précède ne peut pas être regardé comme
un complément indirect. Exemples :

> Elle s'en est *allée.*
>
> Elles se sont *enfuies.*
>
> Elle s'est *assurée* de cela.
>
> Ils se sont *attaqués* à leur juge.
>
> Nous nous étions *attendus* à ce changement.
>
> Elle s'est *disputée* avec sa sœur.

---

(1) On appelle verbe *pronominal* celui qui s'emploie à
l'infinitif avec le pronom *se*, comme *se promener*, *se com-
porter*, *se servir*, *s'abstenir*, *s'immiscer*, *se repentir*,
se souvenir, etc.

Ils se sont *vantés* de cette conduite.

Elles se sont *doutées* de ce tour.

Cette fille s'est *moquée* de nos conseils.

Elle s'est *tue* quand on lui a parlé.

Nous nous sommes *aperçus* de cette faute.

Elles se sont *louées* de votre accueil.

Elle s'est *expliquée* avec son père.

Elles se sont *plaintes* de nos refus.

Ils se sont *avisés* de ce moyen.

Elles se sont *immiscées* dans cette affaire.

Ils s'étaient *abstenus* de vin.

Nous nous sommes *industriés*.

Vous vous êtes tous *repentis*.

Elles se sont *souvenues* de leur origine.

Ma mère s'est *servie* de vos meubles.

Remarque. Il faut écrire « elle s'est *plu* à vous intriguer ; elles se sont *ri* de nos stratagêmes », parce qu'on ne peut pas dire « elle a plu soi à vous intriguer ; elles ont ri soi de nos stratagêmes. » Le sens veut que l'on dise « elle a plu à soi en vous intriguant ; elles ont ri en soi de nos stratagêmes ».

VIII.

Le participe passé joint au verbe *être*, précédé du pronom *se*, est déclinable, quoiqu'il ait pour sujet un substantif inanimé. Exemples :

Une réunion s'est *opérée*.

Les affaires se sont *arrangées*.

Nos fleurs se seraient *flétries*.

Mes papiers s'étaient *égarés*.

Une erreur s'est *glissée* dans ce compte.

Une grande révolution s'est *faite*.

Nos assemblées se sont *tenues* aujourd'hui.

Leur société s'est entièrement *dissoute*.

IX.

Le participe passé joint au verbe *être*, demeure invariable, lorsqu'il a pour véritable sujet un substantif vague et indéterminé. Exemples :

Il s'est *formé* une belle réunion.
Il s'est *assemblé* une foule de monde.
Il sera *érigé* une colonne trajane.
Il a été *trouvé* une médaille superbe.

Remarque. Dans cette phrase « il s'est formé une belle réunion, » l'analyse grammaticale est « ceci (une belle réunion) s'est formé ». Il en est de même des autres phrases où le substantif indéterminé *il* est le véritable sujet de la proposition.

X.

Le participe passé, joint au verbe *avoir*, est déclinable, lorsque l'adverbe *peu* qui le précède, est suivi d'un substantif pluriel ; mais il est invariable, lorsque *peu* est suivi d'un substantif singulier. Exemples :

Le peu de jeunes-gens qu'il a *fréquentés.*
Le peu de villes que j'ai *vues.*
Le peu de partisans qu'il s'est *faits*, (c. à d. qu'il *a* faits à soi.)
Le peu de valeur que tu as *montré.*
Le peu d'affection que vous nous avez *témoigné.*
Le peu de réputation qu'il s'est *fait*, (c. à d. qu'il *a* fait à soi.)

Remarque. Dans ces trois derniers exemples, le participe passé se rapporte, non pas au substantif auquel il est joint, mais au mot *peu* qui est pris substantivement, lorsqu'il est précédé de l'article, comme *le* peu, ou d'un pronom, comme *mon* peu, *ton* peu, etc.

XI.

Quand le participe passé est précédé du pronom *en*, il reste invariable par la raison que ce mot *en*, qui est vague et indéterminé, équivaut à *de cela*. Exemples :

> J'ai lu plus de livres que vous n'en avez *manié*.
> Des pleurs, hélas ! j'en ai beaucoup *répandu*.
> Nous avons eu plus de fruits que nous n'en avions *espéré*.
> On lui donna plus d'armes qu'il ne s'en était *procuré*.
> J'ai eu bien des malheurs, mais combien n'en as-tu pas *essuyé* !

Remarque. Il ne faut pas confondre le pronom indéterminé *en*, signifiant *de cela*, avec le pronom *en*, signifiant *de lui* ou *d'elle*, *d'eux* ou *d'elles*. Si donc vous aviez à écrire « j'ai vu M. votre père, les politesses que j'en ai reçues m'ont réconcilié avec lui », vous n'hésiteriez pas à écrire *reçues* de cette manière, parce que ce participe s'accorde avec le substantif *politesses*. Quel est le complément direct du verbe *avoir* ? c'est le pronom *que*, se rapportant à *politesses* (pl. f.) ; or, comme le complément direct est placé avant le verbe *avoir*, il y a accord. Le mot *en* est pour *de lui*, *de votre père* : c'est un complément indirect.

XII.

Le participe passé, précédé du pronom *le*, employé pour *cela*, est toujours invariable. Exemples :

> Cette ville est plus belle que je ne l'aurais *cru*.
> Ces pièces sont plus agréables que vous ne l'auriez *pensé*.
> Votre mère est beaucoup plus instruite que nous ne l'avions·*imaginé*.
> Ces plantes sont plus salutaires que vous ne l'aviez *assuré*.
> Cette histoire n'est pas aussi intéressante que je l'avais *cru*.

XIII.

Le participe passé est invariable, quand le *que* qui précède le verbe *avoir*, est le complément d'une préposition sous-entendue, ou un complément illégitime introduit par abus. Exemples :

> Il a passé dans le deuil les jours qu'il a *existé*, (c. à d. pendant lesquels il a existé.)
> Les sommes que le gain de mon procès m'a *coûté* sont exorbitantes, (c. à d. les sommes pour lesquelles le gain de mon procès est resté avec moi (1).)
> Je dois à mon habit les honneurs qu'il m'a *valu*, (c. à d. les honneurs pour lesquels il m'a été bon ou profitable.)
> On se rappelle les pluies qu'il y a *eu*, et les froids qu'il a *fait* cette année (le participe *eu* est

(1) *Constitit* ou *stetit mecum.*

ici invariable , parce qu'on ne dit pas *y
avoir des pluies*, comme on dirait : j'ai une
campagne , *j'y ai* beaucoup d'arbres. Le participe *fait* est également invariable ici, parce
qu'on ne dit pas *faire des froids*, comme on
dirait : il sait *faire des habits*.)

XIV.

Les participes passés *compris* , *joint* , *supposé* ,
inclus , *excepté* , sont invariables, lorsque le substantif qui les accompagne est placé après eux.
Exemples :

Il avait trente mille hommes , y *compris* la ca-
valerie.

Je vous envoie ci-*joint* les papiers que vous
m'avez demandés.

Il sera satisfait , *supposé* ces deux chances favorables.

Vous recevez ci-*inclus* la réclamation que vous
m'avez prié de faire.

Il a vendu tous ses livres , *excepté* les ouvrages
de philosophie.

OBSERVATIONS

Sur les Participes LAISSÉ *et* FAIT.

Un homme de lettres a mis en problême la question de savoir si j'ai eu raison de soumettre à la dé-
clinabilité le participe LAISSÉ, suivi d'un infinitif;
il a cru même devoir condamner l'orthographe de ce
mot dans les phrases ci-après : — « Avec des soins,

on aurait pu sauver cette jeune personne ; mais on l'a *laissée* mourir. — Ces lois étaient bonnes sans doute ; or, je vous le demande, pourquoi les a-t-on *laissées* tomber dans un éternel oubli ? — J'avais de fort beaux oiseaux qu'on m'avait donnés ; mais les ayant *laissés* périr, j'ai fait serment de n'en plus avoir. — Cette pauvre femme n'ayant plus de pain à donner à ses enfants, s'est *laissée* périr de chagrin et d'inanition. — Mes amis, les habitudes qu'on vous a *laissés* prendre, tourneront un jour à votre honte. — Voyez ces plantes que j'ai *laissées* croître, etc. »

Il est bon d'examiner ce qui a porté l'Auteur de ces *Doutes et Réflexions* à croire que le Participe *laissé* doit être indéclinable dans toutes les phrases précitées. La raison en est, selon lui, que l'infinitif qui suit le participe *laissé* ne peut pas se tourner par un participe présent ; ainsi, de ce qu'on ne peut pas dire : je les ai *laissés* tombant, comme on dit : je les ai *vus* passant, l'Auteur croit pouvoir conclure que le participe *laissé* doit toujours être indéclinable. Cette conséquence est absolument fausse. Si le participe *vus* est déclinable dans cette phrase : je les ai *vus* passer, c'est que le mot *les* (complément direct du verbe *voir*) est placé avant lui ; et toutes les fois que le complément direct précède le participe, celui-ci s'accorde avec lui en genre et en nombre. De cette règle générale il résulte que l'on doit écrire : je les ai *laissés* tomber, je les ai *laissés* se disputer, je les ai *laissés* manquer de pain, parce que, dans ces trois phrases, le mot *les* (complément direct du verbe *laisser*) est placé avant lui. Quiconque écrirait : je les ai *laissé* manquer de pain, je les ai *laissé* se disputer, pourrait et devrait écrire,

pour être conséquent : je les ai *laissé* sans pain, je
les ai *laissé* en dispute ; or, s'il écrivait *laissé* de
cette manière, il pécherait évidemment contre la
règle générale. Les Grammairiens, tels que Wailly,
l'Auteur des promenades de Clarisse, etc. qui ont voulu justifier l'indéclinabilité du participe *laissé*, ont
cru que le verbe *laisser* et l'infinitif qui suit doivent
être regardés comme inséparables. L'Auteur dont je
combats la doctrine, paraît rejeter cette opinion ; il
voit dans ces deux mots *laisser* tomber, *laisser* agir,
deux idées distinctes et séparables ; or, puisque telle
est son opinion (que je partage assurément), il doit
rendre déclinable le participe *laissé* suivi d'un infinitif, lorsque le complément direct du verbe *laisser* est placé avant lui, comme dans cette phrase :
les acteurs que j'ai *laissés* jouer ; au lieu qu'on doit
écrire : les ouvrages que j'ai *laissé* jouer ; parce que
le pronom *que* est complément direct du verbe *laisser* dans la première phrase, tandis qu'il est complément direct du verbe *jouer* dans la seconde (1). Ne
doit-on pas écrire : les acteurs que j'ai *vus* jouer,
et les ouvrages que j'ai *vu* jouer ? Oui sans doute.
Eh bien ! la première de ces deux phrases (les acteurs que j'ai *vus* jouer) répond à celle-ci : les acteurs que j'ai *laissés* jouer ; et la seconde (les ouvrages que j'ai *vu* jouer) répond à la suivante : les ouvrages que j'ai *laissé* jouer. Ce serait bien peu connaître le génie de notre langue, que de ne pas diffé-
rencier l'orthographe de ces deux mots *laissé* suivi
d'un infinitif. Prétendre que le participe *laissé* est

---

(1) Voyez la 5me et la 6me Règle de mon COURS ANALY-
TIQUE *d'orthographe et de ponctuation.*

indéclinable, parce que le verbe qui suit ne peut pas se changer en un participe présent, c'est poser en principe qu'il faut écrire : les enfants que j'ai *envoyé* jouer, par la raison qu'on ne peut pas dire : les enfants que j'ai *envoyé* jouant; tout le monde sait pourtant qu'on doit écrire : les enfants que j'ai *envoyés* jouer, au lieu qu'on écrira : les livres que j'ai *envoyé* chercher ; et cette différence d'orthographe, rigoureusement nécessaire, provient de ce que, dans la première phrase, le mot *que* est complément direct du premier verbe, au lieu que, dans la seconde phrase, il est complément direct du second verbe.

Il existe une autre difficulté grammaticale qui a besoin de commentaire. On conçoit très bien que j'ai dû écrire : les vases magnifiques que j'ai *vu* emporter, les oiseaux que j'ai *laissé* prendre ; dans ces deux phrases, j'ai dû rendre indéclinables les participes *vu* et *laissé*, par la raison que leur complément direct n'est pas placé avant eux; il est sous-entendu comme le prouve l'analyse suivante : j'ai vu *quelqu'un* emporter eux (les vases), j'ai laissé *quelqu'un* prendre eux (les oiseaux.) Mais ce que bien des gens ne peuvent concevoir, c'est que j'écrive : les vases que j'ai *vus* emporter par des étrangers, les oiseaux que j'ai *laissés* prendre par mes enfants, ces rois avaient été condamnés aux peines du Tartare pour s'être *laissés* gouverner par des hommes méchants et artificieux. Voilà, s'écrie-t-on, une règle qui ne se rencontre nulle part, et qui est évidemment en contradiction avec les principes de l'auteur qui veut que l'on écrive : les vases magnifiques que j'ai *vu* emporter, les oiseaux que

j'ai *laissé* prendre, ces rois s'étaient *laissé* gouverner, etc..! Je l'avoue, cette règle est tout-à-fait
neuve; mais elle est loin d'être en contradiction
avec mes principes. De ce qu'on ne l'avait pas encore
posée, suivait-il que je dusse l'omettre en traitant
ex professo la matière des participes passés? (1)
Toutes les fois qu'un verbe qui est à l'infinitif actif
est employé réellement pour l'infinitif passif, ce
qu'indique et justifie le complément précédé de la
préposition *de* ou *par*, dans ce cas-là, dis-je, le
participe passé est toujours déclinable, parce que
son complément direct existe, et qu'il est placé avant
lui; ainsi dans cette phrase : les oiseaux que j'ai
laissés prendre par mes enfants (ce qui signifie « les
oiseaux que j'ai *laissés* être pris par mes enfants »)
le complément direct du participe est le mot *que*,
et, comme il est placé avant lui, il y a accord. On
doit écrire par la même raison : ces rois avaient été
condamnés aux peines du Tartare pour s'être *lais-*
sés gouverner par des hommes méchants et artificieux (ce qui signifie « pour s'être *laissés* être gouvernés par des hommes méchants et artificieux »);
et c'est à l'occasion de cette phrase empruntée de Télémaque, qu'un Critique fort judicieux s'est exprimé
ainsi dans le *Moniteur* : « De l'accord du participe
laissé avec le pronom *se*, il résulte une double
image : d'abord celle de la longue inertie de ces
rois abandonnant leur personne morale, leur moi
tout entier, à l'influence artificieuse des méchants;
ensuite celle de cette influence même; le pluriel du

---

(1) Voyez la 7me et la 12me Règle de mon COURS ANALY-
TIQUE *d'orthographe et de ponctuation.*

participe rappelle à l'œil comme à l'esprit les personnages, et les désigne. »

Quant au participe *fait*, suivi d'un infinitif, comme dans ces phrases : les mesures que j'ai *fait* prendre, les brigands qu'il a *fait* arrêter, ce participe reste toujours indéclinable, non pas, comme le croit l'Auteur des *Doutes et Réflexions*, parce que le verbe qui est à l'infinitif, ne peut pas se changer en un participe présent, mais bien parce que le verbe *faire* et l'infinitif, auquel il se lie essentiellement, ne présentent qu'une seule et même idée, comme dans ces locutions : *faire naître*, *faire tomber*, *faire mouvoir*, etc. où le verbe *faire* doit être regardé comme un mot parasite, privé de la signification naturelle qu'il a dans ces phrases : les vers que j'ai *faits*, la prière que nous avons *faite*, les ouvrages que tu as *faits*, etc., etc.

REMARQUES

Sur le Participe passé employé mal-à-propos pour l'Infinitif actif.

Les gens du monde, et particulièrement les dames, se trompent fort souvent sur l'emploi de l'infinitif actif qu'ils écrivent comme s'il était participe passé ; par exemple : je veux *aimé*, je viens pour *travaillé*, au lieu de : je veux aimer, je viens pour travailler. Ce qui donne lieu à cette méprise grossière qui se reproduit souvent sous la plume de beaucoup de dames et même de beaucoup de *Messieurs*, c'est la ressemblance de son entre *aimé* et *aimer*, *travaillé* et *travailler*; car, dans la prononciation, on ne fait pas sentir la finale *r* dans les infinitifs des verbes de la première conjugaison, à moins que le mot suivant ne commence par une voyelle ou par un *h* muet, comme « visiter une personne, ajouter honneurs sur honneurs » qu'on prononce comme s'il y avait « visité-rune personne, ajouté-rhonneurs sur-rhonneurs ». Lorsqu'on est embarassé pour savoir si l'on doit écrire « je veux aimé, je viens pour travaillé », il faut substituer mentalement (1) à l'infinitif du verbe de la première conjugaison l'infinitif d'un verbe qui soit, par exemple, de la quatrième conjugaison, tel que *lire*. Si donc on a à écrire : « Je veux *aimé*, je viens pour *travaillé* », il faut se demander si l'on dirait « je veux lire, je viens pour lire, ou bien je veux lu, je viens pour lu ». On doit dire assurément « je veux *lire*, je viens pour *lire* », donc il faut écrire « je veux *aimer*, je viens pour *travailler* ».

Exemples de phrases où l'orthographe de l'infinitif actif dérive du principe que nous venons d'établir :

Je veux lire.	Je veux *chanter*.
Je viens pour lire.	Je viens pour *causer*.
Il faut lire.	Il faut *aimer*.
Nous devons lire.	Nous devons nous *hâter*.
Tu vas lire.	Tu vas *marcher*.
Appréhende de lire.	Appréhende de *tomber*.
Il vient lire.	Il vient *étudier*.
Afin de lire.	Afin de se *promener*.
De peur de lire.	De peur de *tomber*.
Je l'accuse de lire.	Je l'accuse de *conspirer*.
Ils aiment à lire.	Ils aiment à *quereller*.
Tu parais lire.	Tu parais *plaisanter*.

(1) Tacitement, sans proférer une parole.

Le temps de lire.   Le temps de *jouer*.

Lire n'est pas défendu.   *S'amuser* n'est pas dé-
                           fendu.

Dans tous ces exemples, le participe passé *lu* ne pourrait pas remplacer l'infinitif actif *lire ;* en con-séquence, les participes *chanté, causé, aimé,* etc., au lieu de *chanter, causer, aimer,* etc., seraient des fautes grossières, appelées solécismes.

REMARQUES

Sur les mots QUELQUE *et* TOUT.

L'adjectif *quelque* s'écrit en un seul mot, et il est déclinable, quand il est immédiatement suivi de son substantif. Exemples :

> *Quelque* puissance que vous ayez.
> *Quelques* richesses que vous possédiez.

Quelque, suivi du verbe *être*, s'écrit en deux mots, dont le premier, *quel*, est sujet aux inflexions du genre et du nombre. Exemples :

> *Quelle* que soit votre puissance.
> *Quelles* que puissent être vos richesses.

Quelque est invariable, quand il se rapporte à un adjectif ou un adverbe. Exemples.

> *Quel, ue* puissants que nous soyons.
> *Quelque* richement que nous soyons pourvus.

Observation. S'il y avait « quelques superbes fruits qu'on me présente....» *quelque....que* ne serait pas ici un adverbe, il serait adjectif, parce qu'il se rapporterait au substantif *fruits ;* c'est comme si l'on disait : quelques fruits superbes qu'on me présente...

ce qui est bien différent de *quelque* superbes fruits
qu'on me présente.

———

Tout est adverbe, c'est-à-dire invariable, devant
un adjectif féminin, singulier ou pluriel, commençant par une voyelle ou par un *h* muet. Exemples :

> Cette femme est *tout* aimable.
> *Tout* austère qu'est la pénitence.
> Ces femmes sont *tout* aimables.
> *Tout* aimées qu'elles sont.
> *Tout* humble qu'était cette princesse.
> *Tout* habiles que ces ouvrières vous paraissent.

Tout est encore invariable devant un adjectif
masculin pluriel, commençant par une voyelle, ou
par une consonne, ou par un *h* aspiré. Exemples :

> Ces hommes sont *tout* aimables.
> *Tout* bons qu'ils vous semblent.
> Ils sont *tout* en colère.
> *Tout* honteux que vous devez être.
> Ils sont *tout* comme les autres.

Tout est adjectif, lorsqu'il est placé devant un
adjectif féminin, singulier ou pluriel, commençant
par une consonne, ou par un *h* aspiré. Exemples :

> Cette femme est *toute* bonne.
> *Toutes* sages que sont ces dames.
> *Toute* hardie qu'elle vous paraît.
> *Toutes* hideuses que ces figures nous semblent.

Dans les exemples précités, le mot *tout* signifie
entièrement, et devrait, pour cette raison, rester
invariable ; mais l'usage veut qu'il subisse la loi de
l'adjectif, qu'il prenne les inflexions du genre et du
nombre devant un adjectif féminin commençant
par une consonne ou par un *h* aspiré.

PONCTUATION.

De la virgule.

On emploie la virgule 1° pour les membres qu'on peut détacher de la phrase, sans nuire au sens grammatical ; 2° dans l'ellipse du verbe ; 3° dans l'énumération simple ; 4° lorsque *et*, *ni*, *ou*, sont placés entre des mots qui n'appartiennent pas à la même classe. Exemples :

Le temps qui détruit tout, semble accroître mes maux.

L'homme hardi peut tout, et le timide , rien.

Du lait, du pain, des fruits, de l'herbe, une onde pure.

Je porte un cœur sensible , et suis épouse et mère.

Du point et virgule.

Le point et virgule s'emploie 1° lorsqu'il existe une liaison intime entre la phrase dont le sens est complet et la phrase suivante ; 2° dans les enumérations complexes ; 3° dans les énumérations qui offrent des contrastes. Exemples :

Soyez ici des lois l'interprète suprême ;
Rendez leur ministère aussi saint que vous-même.

Plaute, qui a fait rire les Romains, pour les corriger ; Phédre, qui a fait parler les animaux d'une manière si utile aux hommes ; Horace, qui a si bien peint la raison des couleurs de la poésie, ont leurs rivaux en France, et peut-être leurs vainqueurs.

Tout lui plaît et déplaît ; tout le choque et l'oblige ;
Sans raison il est gai ; sans raison il s'afflige.

Des deux points.

On met les deux points 1° lorsqu'on annonce un discours ou une citation ; 2° lorsqu'une proposition générale est précédée ou suivie de détails. Exemples :

Dames mites disaient à leurs petits enfants :
Il fut un temps où la terre était ronde.

Il y a deux grands traits qui peignent le caractère : l'activité à rendre service, qui prouve de la générosité ; le silence sur les services rendus, qui annonce de la grandeur d'âme.

Du point.

Le point se met à la fin d'une phrase dont le sens est complet. Exemples :

Toutes les passions s'éteignent avec l'âge ;
L'amour-propre ne meurt jamais.

La vertu d'un cœur noble est la marque certaine.

Du point d'interrogation.

On se sert du point d'interrogation, quand la forme de la phrase est interrogative. Exemples :

Où allez-vous ? Que voulez-vous ? Qui demandez-vous ? Quelle heure est-il ?

Du point d'exclamation.

On met le point d'exclamation, quand la forme de la phrase est exclamative. Exemples :

O temps ! ô mœurs ! Quel siècle déplorable ! Que l'homme est à plaindre ! Hélas ! à combien de maux n'est-il pas exposé !

CORRIGÉ

DE

LA CACOGRAPHIE.

PRMIÈRE PARTIE.

MOTS FRANÇAIS.

La science est le plus beau trésor. La vertu, si
aimable, doit accompagner la science. Sans la
vertu, la science, tout aimable qu'elle est, me
semble un avantage bien peu désirable. Les hommes
instruits me paraissent dignes de la plus haute considération; mais je veux que l'homme savant
joigne la vertu à la science. L'instruction est si
précieuse! pourquoi la négliger? L'instruction
seule distingue l'homme de l'homme. Je ne connais
aucun héritage plus avantageux que la bonne éducation. Les jeunes-gens doivent chercher les moyens
de devenir savants, et profiter de ceux qui leur
sont offerts. Les hommes dont l'éducation a été
négligée, souhaitent, mais en vain, de réparer les
heures perdues. Le temps est irréparable; les heures
passées ne reviennent plus.

Profitez de votre jeunesse pour acquérir des vertus et de la science. Mon ami, l'enfance est le seul temps propre à l'étude. Les vertus si nécessaires au bonheur des humains, peuvent s'acquérir en tout temps; cependant il faut s'y accoutumer dès l'enfance. Les qualités du cœur ne sont pas moins précieuses que celles de l'esprit. Il faut prendre tous les moyens convenables pour acquérir des connaissances solides; mais il faut aussi travailler de bonne heure à instruire sa raison et à former son cœur. Cet homme est savant, dira-t-on, mais il n'est pas vertueux : cet autre possède de grandes vertus, mais il n'a pas d'instruction. Auquel des deux donnons-nous la préférence? à celui , sans doute, chez lequel les connaissances sont remplacées par les vertus.

Voulez-vous, mon ami, être estimé de tout le monde? soyez vertueux non moins qu'instruit, et fréquentez toujours des personnes qui joignent l'instruction à la sagesse. Les sociétés dans lesquelles nous nous trouvons ordinairement, ne contribuent pas peu à nous rendre justes ou injustes, honnêtes ou dépravés; il sera donc toujours de l'intérêt d'un jeune-homme qui voudra se former l'esprit et le cœur, de ne fréquenter que des gens vertueux et instruits. La science et là vertu font la gloire, l'ornement et la consolation de l'homme. Je plains les jeunes-gens qui sont assez stupides pour préférer de frivoles amusements aux charmes de l'étude, et des plaisirs honteux aux douceurs de la vertu. Que de regrets ils se préparent! quelle destinée affreuse leur est réservée!

~~~~~~~~

MAXIMES ET BONS MOTS.

L'IGNORANCE peut être appelée la nuit de l'esprit, et cette nuit n'a ni lune ni étoiles. — Plus un lieu est élevé, plus il est exposé aux tempêtes, plus l'air qu'on y respire est froid et malsain : la Cour, en général, en est une preuve. — Le cuivre a beau être doré, il n'est que du cuivre : ainsi en est-il d'un fat ; fût-il le premier du Conseil, il n'est qu'un fat. — Un sot ne s'admire jamais autant que lorsqu'il a fait quelque sottise. — Ce sont ceux qui ont le moins de livres, qui lisent le plus. — Celui qui n'a pas honte de médire en secret, est capable de calomnier en public. — On n'est jamais heureux aux dépens du bonheur des autres. — La politesse tient un milieu entre la fierté et la bassesse. Elle a la dignité de la première, et la civilité de la seconde. — Quiconque peut panser sa plaie, est à moitié guéri. — Ceux qui connaissent le monde, savent que se corriger est possible, et que se déguiser ne l'est pas. — L'homme savant, qui parle, ressemble à l'homme généreux, qui donne ; cependant la pauvreté tend la main, et l'ignorant ferme l'oreille. — On exagère ses imperfections, pour faire passer l'éloge de ses vertus, comme on montre une égratignure pour étaler un diamant. — Tel homme prodigue les conseils pour vous enseigner à vivre, qui ne donnerait pas un écu pour vous empêcher de mourir. — La loi qui fait couler le sang, familiarise avec le sang ; l'échafaud est l'école de l'assassin, comme les boucheries sont l'école des bourreaux. — Nous échappons à la paresse; mais nous y revenons toujours. — Le Français ne paraît léger aux autres peuples, que parce qu'il conçoit avec facilité ce qu'ils calculent avec peine. — La magnificence est le moyen du fat pour attirer les regards du sot. — Le plus inconséquent des hommes me paraît être celui qui n'est pas indulgent. — Travaille à purifier tes pensées; si tes pensées ne sont pas mauvaises, tes actions ne le seront point. — Il n'y a pas de gens plus vides, que ceux qui sont pleins de leur mérite. — La mauvaise compagnie rend le bon méchant, et le méchant pire. — Le récit d'une bonne action rafraîchit le sang. — L'hypocrisie est un hommage que le vice rend à la vertu. — Il vaut mieux s'endormir sans souper, que de se réveiller avec des dettes. — Un homme indiscret est une lettre décachetée; tout le monde peut la lire. — La paresse n'a pas un avocat, quoiqu'elle ait beaucoup d'amis. — La frugalité et l'industrie sont les servantes de la fortune. — L'ambition, qui n'est pas accompagnée d'un talent réel, amène tôt ou tard une disgrâce. — Écrivez les injures sur le sable, et les bienfaits sur le marbre. — Celui qui se fait le plaisant d'une société, a juste ce qu'il faut d'esprit pour être un sot. — L'homme vraiment sage exposera toujours sa vie pour le bien public et pour défendre sa patrie. — Ne faites rien dans le moment de la colère. Vous embarqueriez-vous au milieu d'une tempête? — La plaisanterie amère est le poison de l'amitié. — Celui qui, le matin, a écouté la voix de la vertu, peut mourir le soir. Cet homme ne se repentira pas d'avoir vécu; la mort ne lui fera aucune peine. —

Dans certaines Cours, le déshonneur ressemble à la fumée qui se blanchit en s'étendant au large. — Les grandes places sont comme les rochers escarpés, où les aigles et les reptiles peuvent seuls parvenir. — On guérit la folie, mais comment redresser un esprit de travers? — On se colore en se promenant au soleil, disait Cicéron ; heureux celui dont la tête s'échauffe, dont le cœur s'embrâse au feu de l'antiquité! — Un livre sublime paraît dans une traduction comme un grand seigneur exilé, qui n'est plus en crédit. — Quand Voltaire fut mort, un Écrivain connu dit: Nous rentrons en république. — Le prodigue répand l'or comme du fumier, et l'avare recueille le fumier comme de l'or. — C'est se rendre le complice d'une impertinence, que d'en rire. — Celui qui se venge d'un petit affront, s'expose à recevoir de plus grands outrages. — Le vide d'un jour perdu ne sera jamais rempli. — Maison de paille, où l'on rit, vaut mieux que palais, où l'on pleure. — Une femme laborieuse arrange sans cesse ses meubles; un lettré studieux dérange sans cesse ses livres. — La haine est la carie de l'âme; elle use la vie, et précipite des instants dont on ne jouit, que lorsqu'on aime ses semblables. — Un fleuve paisible a ses rives fleuries. — L'air qu'on respire sur les tombeaux, épure les pensées. — Celui qui persécute l'homme de bien, fait la guerre au Ciel. Le Ciel a créé la vertu, il la protége : or celui qui la persécute, persécute le Ciel. — Tout bois est gris, quand il est réduit en cendres. — L'homme ne désire rien avec plus d'ardeur, que les choses dont la jouissance lui est interdite. — Les excuses sont rarement exemptes de mensonges. — Le grand

art de la conversation est d'attirer la parole, de
parler peu, et de faire parler beaucoup les autres :
c'est la véritable poétique de ce genre d'éloquence.
— Les nuages les plus brillants ne sont que de l'eau.
— Les tuiles, qui garantissent de la pluie, ont été
faites dans le beau temps. — Le crime est le bourreau
de l'âme. — Plus les repentirs sont prompts, plus ils
en épargnent d'inutiles. — Imprime le cachet sur
l'argile, tandis qu'elle est humide. — Aime et ménage ton frère, car celui qui n'a pas de frère est de
même qu'un soldat qui va sans armes à une bataille.
— As-tu fait du bien à quelqu'un; tiens-toi en garde
contre les effets de sa méchanceté. — Une tuile
tombe, un accès de fièvre survient, une veine se
rompt, et le lendemain meurt avec l'espérance. —
Que d'épines sur une seule rose ! — La crainte de
Dieu est le commencement de la sagesse. — Le
temps fuit, il s'échappe en morcelant la vie; ah!
c'est toujours trop tôt que nous redemandons les
heures pour en jouir mieux ! — Chaque jour de ta
vie est un feuillet de ton histoire. — Mille parties de
plaisirs ne laissent aucun souvenir qui vaille celui
d'une bonne action. — La vertu est belle dans les
plus laids, et le vice est laid dans les plus beaux. —
Chasse la cupidité de ton cœur, tes pieds seront à
l'abri des fers. — Une nourrice, qui nous aime,
vaut mieux qu'une mère qui nous dédaigne. —
Deux choses sont bien mauvaises, quand la meilleure des deux est le mensonge. — Chacun de nous
court à l'avenir, comme un oiseau à l'épi de blé,
que le vent emporte, et nous négligeons le champ
où nous trouverions bien d'autres épis.

Le temps moissonne, et nous glanons; employons

chaque jour de notre vie , comme s'il devait être le dernier. — Le lendemain , enfant de la veille , succède à tous ses droits au temps ; mais il est souvent déshérité.—Chaque siècle répète à l'autre : Tous les faux-biens produisent de vrais maux. — Combien de personnes ne jugent des autres , que par la vogue qu'ils ont , ou par la fortune qu'ils possèdent ! — Il est beau , il est grand d'avoir compassion de son ennemi, dans sa défaite.—La modestie et le respect sont comme les pleurs des enfants; leur faiblesse même et leur impuissance font leur force , et obtiennent tout. — Ce n'est pas assez, que d'avoir de grandes qualités ; il faut encore savoir les économiser. — Celui qui est ce qu'il paraît, fera ce qu'il a promis. — On disait du ministre du roi à St. Pétersbourg : Monsieur un tel, surchargé d'affaires. — Le vice empoisonne les plaisirs, la passion les frelate, la modération les aiguise, l'innocence les épure, la bienfaisance les multiplie , l'amitié les perpétue. — Notre mérite nous attire l'estime des honnêtesgens, et notre étoile, celle du public. — Les vertus se perdent dans l'intérêt , comme les fleuves se perdent dans la mer. — Notre repentir n'est pas tant un regret du mal que nous avons commis, qu'une crainte de celui qui peut en résulter pour nous.— On ne méprise pas tous ceux qui ont des vices ; mais on méprise tous ceux qui n'ont aucune vertu. — Le désir de paraître instruit, fait qu'on néglige souvent les moyens de le devenir. — Chez les femmes, l'austérité des mœurs est un ajustement et un fard , qu'elles ajoutent à leur beauté. — Les défauts de l'âme sont comme les blessures du corps : quelque soin qu'on prenne pour les guérir, la cicatrice paraît toujours, et elles sont à tout moment en danger de se rouvrir. — Le nom de la vertu sert à l'intérêt tout autant que le vice. — Celui-là est véritablement honnête-homme, qui veut être toujours exposé à la vue des honnêtes-gens. — Une femme sans pudeur est un mets sans sel. — Les soldats d'aujourd'hui seront bien différents de ceux d'autrefois ; ils combattront pour eux-mêmes et pour leurs enfants ; au lieu que ceux d'autrefois n'avaient pris et ne faisaient un métier aussi périlleux, que pour conquérir des royaumes. — La vraie valeur consiste à faire sans témoins, ce qu'on serait capable de faire devant tout le monde. — Tous ceux qui s'acquittent des devoirs de la reconnaissance, ne peuvent pas se flatter pour cela d'être reconnaissants. — Dans le commerce de la vie, nous plaisons plus souvent par nos défauts, que par nos bonnes qualités. — Si les hommes agissaient avec justice, il n'y aurait rien à faire pour les juges. — On ne loue ordinairement les autres, que pour en être loué. — Ce qui nous empêche de nous abandonner à un seul vice, c'est que nous avons mille défauts. — L'orgueil ne veut pas devoir, et l'amour-propre se refuse à payer. — Dans l'adversité de nos meilleurs amis, nous trouvons souvent quelque chose qui ne nous déplaît pas. — Rien n'est impossible : il y a des voies qui conduisent à tout ; et, si nous avions assez de volonté, nous aurions toujours assez de moyens. — La véritable éloquence consiste à dire tout ce qu'il faut, et à ne dire que ce qu'il faut. — La fidélité qu'on remarque dans la plûpart des hommes, n'est qu'une invention de l'amour-propre, dans la vue d'attirer la confiance ; c'est un moyen de nous élever au-dessus des autres, et de nous rendre dépositaires des secrets les plus importants. — Ce qui paraît générosité, n'est souvent qu'une ambition déguisée, qui méprise de petits intérêts pour aller à de plus grands. — Il n'y a pas moins d'éloquence dans le ton de voix, dans les yeux et dans l'air de la personne qui parle, que dans le choix de ses paroles. — Dissiper le temps, c'est user l'étoffe dont la vie est faite. — L'oisiveté ressemble à la rouille; elle use beaucoup plus que le travail. — La paresse chemine si lentement, que la pauvreté ne tarde pas à l'atteindre. — La plûpart des hommes ont, comme les plantes, des propriétés cachées que le hasard fait découvrir. — Combien de jeunes-gens croient être naturels, quand ils ne sont qu'impolis et grossiers! — La faim regarde à la porte de l'homme laborieux; mais elle n'ose pas entrer dans la maison. — L'eau qui tombe constamment goutte à goutte, parvient à consumer la pierre. — Nous aimons toujours ceux qui nous admirent, et nous n'aimons pas toujours ceux que nous admirons. — Avec du travail, une souris coupe un cable, et de petits coups répétés abattent de grands chênes. — Les esprits médiocres condamnent ordinairement tout ce qui passe leur portée. — Nous pardonnons souvent aux personnes qui nous ennuient; mais nous ne pouvons pardonner à celles que nous ennuyons. — L'oubli de soi-même est la pierre de touche de la vraie grandeur, et la perfection de la sagesse. — Si la vanité ne renverse pas entièrement les vertus, du moins elle les ébranle toutes. — Un homme d'esprit serait souvent bien embarrassé sans la compagnie des sots. — Nous oublions aisément nos fautes, lorsqu'elles ne sont connues que de nous,

Ceux qui ont eu de grandes passions, se trouvent, toute leur vie, heureux ou malheureux d'en être guéris. — Nous avons plus de paresse dans l'esprit, que dans le corps. — Ce qui nous rend la vanité des autres insupportable, c'est qu'elle blesse la nôtre. — La marque la plus vraie d'un cœur né avec de grandes qualités, c'est d'être né sans envie. — Les passions les plus violentes nous laissent quelquefois du relâche ; mais la vanité nous tourmente sans cesse. — Il s'en faut bien que l'innocence trouve autant de protecteurs que le crime. — On devient insensiblement vil avec un maître qui l'est. — Nous n'avons pas le courage de dire, en général, que nous n'avons pas de défauts, et que nos ennemis n'ont aucune bonne qualité ; mais, en détail, nous ne sommes pas trop éloignés de le croire. — Peu de gens sont assez sages, pour préférer le blâme, qui leur est utile, à la louange, qui les trahit. — La mauvaise fortune nous corrige de certains défauts, que la raison ne saurait corriger. — Si vous voulez être riche, n'apprenez pas seulement comment on gagne ; sachez aussi comment on ménage. — La fileuse vigilante ne manque jamais de chemises. — Si tu as acheté ce qui est superflu pour toi, tu ne tarderas pas à vendre ce qui t'est le plus nécessaire.—On disait à l'abbé Arnaud : La clarté est l'attribut de la langue française. C'est son plus grand besoin, s'écria-t-il!

Nous gagnerions beaucoup plus de nous laisser voir tels que nous sommes, que d'essayer de paraître ce que nous ne sommes pas. — Il y a des gens qui se croient de grands raisonneurs, parce qu'ils sont pesants dans la conversation, comme des bossus qui se croient de l'esprit, parce qu'ils sont mal faits.

— Qu'est-ce qu'un papillon? Ce n'est tout au plus qu'une chenille habillée : et voilà ce qu'est le petit maître. — Les enfants et les fous s'imaginent que vingt francs et vingt ans ne peuvent jamais finir. — Il n'y a rien d'aussi cher que le temps; ceux qui le perdent, sont les plus blâmables de tous les prodigues. — La gloire et l'amour du bien public ne campent jamais où l'intérêt particulier commande. — Si c'est un grand bonheur, que d'avoir ce qu'on désire, c'en est un bien plus grand, que de ne désirer que ce qu'on a. — On ne doit regarder aucun homme comme heureux, avant sa mort. — Chacun recueille ce qu'il a semé, a dit un philosophe Chinois; si tu sèmes du millet, tu recueilleras du millet; si tu sèmes du riz, tu récolteras du riz.—C'est dans le péril, qu'on reconnaît les hommes vraiment courageux, de même que c'est dans l'adversité, qu'on reconnaît les vrais amis.—La sagesse est un trésor, qui n'embarrasse jamais; il faut prendre tous les moyens pour l'acquérir.—L'avarice, qui, de toutes les passions, semble la plus contraire au bien de la société, en a formé un des plus forts liens, en tirant l'or du sein de la terre. — Toutes les fois que je trouve un homme pauvre très reconnaissant, j'en conclus qu'il serait généreux, s'il était riche.—Celui qui pardonne à son ennemi, et lui fait du bien, ressemble à l'encens qui embaume le feu qui le consume. — Les pierreries et les diamants, la soie et l'or, dont une jeune fille se pare avec tant de soin, sont un vernis transparent qui fait mieux ressortir ses défauts. — La sagesse est, ainsi que la vertu, la plus touchante parure du sexe. — Qui ne conviendra que la société serait une chose charmante, si les hommes s'intéressaient les uns aux

★ 2

autres ? — On ne devrait jamais être honteux d'a-
vouer qu'on a eu tort, puisque c'est dire, en d'autres termes, qu'on est plus sage aujourd'hui, qu'on
ne l'était hier. — Ceux qui embrassent là pratique
de la vertu dans un âge avancé, font, par là même,
un sacrifice à Dieu des restes du diable. — Un brave
homme qui a été insulté, se trouve tout de suite supérieur à celui qui l'insulte, parce qu'il peut pardonner. — L'économie donne aux pauvres tout ce
que la prodigalité ôte aux riches. — Celui qui cache
ses fautes, en veut faire encore. — Un fils qui a fait
verser des larmes à sa mère, peut seul les essuyer.
— On gagne toujours à taire ce qu'on n'est pas obligé
de dire. — Nous pardonner à nous-mêmes les travers que nous ne pouvons souffrir dans les autres,
c'est nous arroger le droit d'être fous tout seuls. —
Quiconque attend le superflu pour secourir les pauvres, ne leur donnera jamais rien. — Un Ecrivain de
beaucoup de sens a dit, en parlant des plagiaires,
c'est-à-dire de ceux qui pillent les ouvrages d'autrui : Lorsqu'un pauvre se montre tout-à-coup re-
vêtu de riches habits, nous reconnaissons, sur-le-
champ, qu'ils ne lui appartiennent pas. — L'homme de bien n'est occupé que de sa vertu; le méchant
ne l'est que de ses richesses. Le premier pense conti-
nuellement à l'intérêt de la République; mais le second a d'autres soucis; il ne pense qu'à ce qui le touche. — Les plus grands Etats ont été renversés par
des jeunes-gens, et conservés par des vieillards. —
Soyons réellement ce que nous avons envie de paraître; ainsi que les plumes du geai, le masque de la
vertu tombe bientôt, et met au grand jour nos turpitudes. — Pour opérer le salut public, il faut que

la sagesse et la puissance se trouvent réunies. — Se tromper est de l'homme ; mais persister opiniâtrement dans son erreur, est d'un sot ou d'un fou. — Si, étant magistrat, tu as découvert des crimes, ne t'en réjouis pas, comme si tu avais fait une découverte heureuse; use de clémence, en obéissant néanmoins à la loi, persuadé que toute la faute ne vient pas des coupables, mais qu'ils avaient pour complices l'ignorance, le mauvais exemple, les fausses espérances, ou la crainte de quelques maux qu'ils ne pensaient pas pouvoir éviter autrement. — Si les hommes ne croient pas aux contes des fées et des génies, ce n'est pas leur absurdité qui les retient et les en empêche, c'est qu'on ne leur a pas dit d'y croire. — L'éducation publique et commune est très favorable à la liberté. Si l'éducation particulière s'introduisait jamais dans un Etat, je tremblerais pour sa conservation. — Il y a autant de vices qui proviennent de ce qu'on ne s'estime pas assez, que de ce qu'on s'estime trop. — Quand on court après l'esprit, on attrape presque toujours la sottise. — L'attente d'un plus heureux avenir est une chaîne qui lie tous nos plaisirs. — La raillerie est un discours en faveur de son esprit contre son bon naturel. — Préfère la pauvreté et l'exil aux charges de l'État les plus éminentes, lorsque c'est un traître qui te les offre. — L'ambition, sans de vrais talents, amène tôt ou tard une disgrâce. — On ne sait pas combien il faut d'esprit pour n'être jamais ridicule. — La société, les cercles, les salons, ce qu'on appelle le monde, me représentent une pièce misérable, un mauvais opéra sans intérêt, qui se soutient un peu par les machines et par les décorations. — Ne te lie jamais avec un homme que tu ne croiras pas plus honnête et plus vertueux que toi. — Un faux ami est comme l'ombre du cadran solaire, qui se montre quand le soleil luit, et disparaît à l'approche du plus léger nuage. — Sommes-nous malades, il n'y a pas de bien que nous ne nous proposions de faire. Rendus à la santé, nous voilà revenus à nos faiblesses et à nos égarements. — Qui veut apprendre à bien mourir, doit apprendre auparavant à bien vivre. — L'instruction est un trésor, et le travail en est la clef. — Ne souhaite pas la mort de ton ennemi; tu la souhaiterais en vain; sa vie est entre les mains du Ciel. — Il y a des redites pour l'oreille et pour l'esprit; il n'y en a pas pour le cœur.—Tu demandes à Dieu des richesses; il t'en accorderait, s'il n'avait pitié de ta sottise. — Les pauvres peuvent être appelés les nègres de l'Europe; leur sort n'est pas plus heureux que celui de ces derniers. — Qu'est-ce qu'une maîtresse? C'est une femme auprès de laquelle on ne se souvient plus de ce qu'on sait par cœur, c'est-à-dire de tous les défauts inhérents à son sexe. —Qui n'avouera pas qu'il y a plus de fous que de sages, et que, dans le sage même, il y a plus de folie que de sagesse?

Personne n'a jamais cueilli le fruit du bonheur sur l'arbre de l'injustice.—Tu es jeune, aies grand soin de fuir la volupté; tu es à l'âge viril, ne manque pas de fuir les querelles et les contestations; tu es arrivé à la vieillesse, fuis avec soin l'avarice. — Les plus méchants des hommes sont ceux qui ne veulent pas pardonner.—Faire du bien, quand on le peut; en dire de tout le monde; ne jamais porter un jugement précipité : c'est par de tels actes de

justice et de bonté, que nous acquérons de grands
droits à l'estime publique. — Les défauts des pères
ne doivent jamais être imputés aux enfants. Parce
qu'un père se sera rendu indigne, par ses crimes,
d'être élevé aux charges et aux emplois publics, on
ne doit pas, pour cela, en exclure le fils, s'il ne
s'en rend pas lui-même indigne : en effet, les fautes et les crimes sont personnels.—Un étranger, qui
était à Lacédémone, admirait le respect des jeunes-
gens pour les vieillards : Ce n'est qu'à Sparte, dit-
il, qu'il est agréable de vieillir. — Si tu voyais une
vipère dans une boîte d'or, en aurais-tu moins
d'horreur? Regarde du même œil le méchant environné d'éclat. — Les biens de ce monde ne nous
appartiennent qu'en usufruit; ce corps n'est qu'un
vêtement de louage; cette vie n'est qu'une hôtel-
lerie. — Un magistrat doit instruire le peuple par
son exemple; il ne doit mépriser ni les vieillards
ni les pauvres; le peuple pourrait l'imiter. — Nous
sommes naturellement portés à la domination; quel
sentiment plus injuste! Avons-nous des droits pour
vouloir nous élever au-dessus des autres? Il n'y a
qu'une domination légitime : c'est celle de la vertu.
— L'amour des richesses est le commencement de
tous les vices, comme le désintéressement est la
source de toutes les vertus. — C'est perdre double-
ment son temps, que de faire sa cour aux riches,
parce qu'ils sont les plus nécessiteux et les plus durs
des hommes. — Le roi de Prusse demandait un jour
à un Littérateur français, s'il croyait en Dieu? Oui,
Sire, j'aime à croire, répondit l'Écrivain, qu'il y a
un être au-dessus des rois. — Contentez-vous d'ex-
celler dans les choses de votre profession; le for-

geron ne fait pas de pantoufle, et le cordonnier
ne fabrique pas d'arme. — Il y a des gens qu'il
faut étourdir pour les persuader. — La vérité est
pour les sots un flambeau qui luit dans le brouil-
lard, sans le dissiper. —Ce n'est jamais la pauvreté,
c'est l'ambition seule qui nous rend malheureux et
dépendants. — On se moque aujourd'hui des Egyptiens, qui adoraient leurs Dieux sous la figure d'un
ognon; on rit de la sottise de ces moines qui se
disputaient entre eux sur la propriété et l'usufruit
de la soupe qu'ils mangeaient; nous enseignons à
nos neveux à rire d'autres absurdités pour le moins
aussi ridicules : cependant il ne vient point à l'idée
des hommes qui sont superstitieux, de se demander s'ils croient quelque chose de plus raisonnable
que les sottises qui étaient crues par les Egyptiens
et par les nations les plus barbares. — Ce que nous
gagnons en richesses, nous le perdons du côté du
repos et du bonheur. — Travaille; tu dois payer
ta vie par tes travaux; le paresseux fait un vol à la
société. — La plus chétive cabane renferme souvent
plus de vertus, que les palais des rois. — Laissons la
puissance et les richesses aux autres hommes; pour
nous, faisons que la vertu soit notre partage, et
l'unique mobile de nos actions. — Les sciences ont
des racines amères; mais les fruits en sont doux.
— Il faut déclarer la guerre à cinq choses, savoir :
aux maladies du corps, à l'ignorance de l'esprit,
aux passions du cœur, aux séditions des villes et à
la discorde des familles. — La Nature, en nous
donnant deux oreilles et une seule bouche, a voulu
nous faire connaître qu'il faut plus écouter que parler. — Il y a, entre un savant et un ignorant, la

même différence qu'entre un cadavre et un homme vivant. — C'est la vertu seule qui fait naître et entretient l'amitié : or l'on peut dire qu'il n'y a pas d'amitié sans vertu. — L'utile n'est et ne sera jamais où ne se trouve pas l'honnête; quiconque doute de cette vérité, peut être regardé comme déjà criminel. — Quand on veut plaire dans le monde, il faut se résoudre à se laisser enseigner beaucoup de choses qu'on sait, par des gens qui les ignorent. —Un publiciste a dit: Les hommes d'Etat commencent par faire des merveilles; mais presque tous finissent par le contraire. Pourquoi cela ? c'est parce que nous ne sommes pas assez sévères dans nos choix. — Le Sage ressemble à un tireur à l'arc, qui ne rapporte la faute qu'à lui-même, lorsqu'il n'arrive pas à son but. — La pauvreté met trop souvent le crime au rabais. — Une vie régulière est la meilleure philosophie; une conscience pure est la meilleure loi. — L'homme est avide des arts et des sciences; il consume ses beaux jours à contempler les phénomènes de la Nature, et il n'apprend nullement à se connaître. — Les conversations d'aujourd'hui ressemblent aux voyages qu'on fait sur l'eau; on s'écarte de la terre, sans presque le sentir, et l'on ne s'aperçoit qu'on a quitté le bord, que quand on est déjà bien loin. — Le calomniateur est la plus cruelle des bêtes féroces, et le flatteur, la plus dangereuse des bêtes privées. — Rien ne prouve mieux l'insuffisance de la promesse, que l'habitude du serment. — Certain philosophe a dit: Un tyran peut bien nous mettre dans les fers; mais il ne peut pas empêcher qu'on le méprise. — La calomnie est comme la guêpe qui vous importune, et contre laquelle il ne faut faire aucun mouvement, à moins qu'on ne soit sûr de la tuer: sans quoi, elle revient à la charge, plus furieuse que jamais. — Tout chef, pourvu d'une autorité quelconque, doit se persuader fortement que les hommes ne sont pas nés pour lui être asservis; mais que le supérieur n'est établi, que pour défendre et protéger l'inférieur: de même que le passager n'est pas fait pour le pilote; mais que le pilote est fait pour le passager. — Une promesse sans effet est un bel arbre sans fruit. — Prétendre faire vivre son nom chez la postérité, par la construction de superbes bâtiments, c'est charger les maçons du soin d'écrire son histoire. — Annibal était borgne, il se moqua du peintre qui le peignit avec deux yeux, et il récompensa celui qui le peignit de profil. Pourquoi cela? c'est que nous ne voulons pas être loués trop fadement, et que nous sommes bien aises, d'un autre côté, qu'on dissimule nos défauts.

On doit se consoler de ses fautes, quand on a la force de les avouer. — Ceux qui critiquent le plus les actions d'autrui, ressemblent à ces architectes qui, toujours hors de chez eux, occupés à construire et à conserver les maisons des autres, laissent tomber eux-mêmes l'édifice qui leur appartient. — La maladie marche sur les pas de l'intempérance, et la pauvreté, sur ceux de la paresse. — Les petits esprits sont comme les bouteilles à goulot étroit, qui font d'autant plus de bruit, quand on les vide, qu'elles contiennent moins de liqueur. — Les personnes dévotes sont naturellement crédules et soupçonneuses; c'est pourquoi elles admettent légèrement tout ce qu'on dit des personnes d'une opinion ou d'une secte différente de la leur. — Il vaudrait bien un héros, le financier citoyen, qui, loin de grossir son revenu par des gains illicites, ouvrirait sa bourse, sans intérêt, aux besoins de l'État !.... Mais on sait que de tels hommes sont bien rares. — La simple honnêteté est la meilleure politesse, et la tempérance, le meilleur médecin. — Quand les Sauvages de la Louisiane veulent avoir du fruit, ils coupent l'arbre au pied, et cueillent le fruit : c'est l'image du Gouvernement despotique. — Il faut être plus lent à condamner l'opinion d'un grand homme, que celle d'un peuple entier. — La vraie politique est l'art de faire servir à la gloire et au bonheur des Empires, l'industrie, les talents, les vertus, et même jusqu'aux vices des peuples. — Les méchants sont comme les mouches, qui parcourent le corps d'un homme, et ne s'arrêtent que sur ses plaies. — L'orgueil nous sépare de la société; notre amour-propre nous donne un rang à part, qui nous est toujours disputé. — Les mauvais critiques disent souvent du mal des ouvrages d'autrui, comme un charlatan décrie les remèdes d'un autre charlatan, pour pouvoir vendre mieux les siens. — On triomphe d'une mauvaise habitude plus aisément aujourd'hui que demain. — Un homme qui va passer l'eau, est environné d'une foule nombreuse; les bateliers s'empressent autour de lui, chacun lui fait des offres de services, tout le mouvement qui se fait au rivage semble être pour lui; mais sort-il du bateau, personne ne l'aborde, personne ne le remarque, on ne l'aperçoit pas : c'est la peinture du Ministre, lorsqu'il arrive en place, et lorsqu'il en sort. — L'utilité publique, qu'on poserait pour règle et pour mesure des actions des hommes, serait une base de morale qui leur déplairait fort. — Les véritables et justes conquêtes sont celles que chacun fait chez soi, en favorisant l'agriculture, en encourageant les talents, en multipliant les hommes et les autres productions de la Nature. — On peut dire avec raison que la jalousie est un hommage maladroit que l'infériorité rend au mérite. — C'est un grand tort à un Écrivain, que d'être ennuyeux. On ennuie dans un ouvrage de morale ou de raisonnement, toutes les fois qu'on ne réveille pas l'esprit par des idées neuves. — Le monde et la société ressemblent à une bibliothèque, où, au premier coup-d'œil, tout paraît en règle, parce que les livres y sont placés suivant le format et la grandeur des volumes, mais où, dans le fond, tout est en désordre, parce que rien n'y est rangé suivant l'ordre des sciences, des matières et des Auteurs. — Les grands hommes font de grandes fautes; tout ce qui vient d'eux porte l'empreinte de leur génie. — C'est être étrangement fou, que d'enseigner la vertu, et d'en négliger la pratique. — Un cœur tendre et capable d'un attachement de longue durée, ne saurait être un mauvais cœur. — C'est par notre amour-propre, que l'amour nous séduit; comment résister, en effet, à un sentiment qui embellit à nos yeux ce que nous avons, nous rend ce que nous avons perdu, et nous donne ce que nous n'avons pas? — Un homme à talent se trouve souvent déplacé; l'homme de bien est toujours à sa place. — L'amour conjugal est bien différent, en France, de ce qu'il est ailleurs; partout c'est un sentiment; chez nous, c'est un air. — Les grandes vertus se cachent ou se perdent ordinairement dans la servitude. — La liberté des presses doit exister, comme nous avons toujours eu la liberté des écritoires. — Carthage, qui faisait la guerre avec son opulence contre la pauvreté romaine, avait pour cela même du désavantage. L'or et l'argent s'épuisent; mais la vertu, la constance, la pauvreté et l'amour de la Patrie ne s'épuisent jamais. — Un poète Anglais a dit : Le temps de l'adversité peut être regardé comme la saison de la vertu. — Heureux celui qui, connaissant tout le prix d'une vie douce et tranquille, repose son cœur au milieu de sa famille, et ne veut connaître d'autre terre que celle qui lui a donné le jour ! — Les honnêtes-gens se lient par les vertus; la plûpart des hommes, par les plaisirs; et les scélérats, par les crimes. — On a beau faire, la Vérité s'échappe et perce toujours les ténèbres qui l'environnent; le Temps, qui consume tout, détruit les erreurs même. — La plûpart des hommes ne mettent dans le commerce de la vie, que les faiblesses qui servent à la société. — Tout homme qui n'aspire pas à se faire un grand nom, n'exécutera jamais de grandes choses. — La tyrannie est toujours faible et lente dans ses commencements, comme elle est prompte et vive dans sa fin. Elle ne montre d'abord qu'une main pour secourir, et elle opprime ensuite avec une infinité de bras. — L'idée d'un héros est incompatible avec l'idée d'un homme sans justice, sans probité et sans grandeur d'âme. — Les connaissances nous portent à l'humanité et à la douceur; il n'y a que les préjugés qui puissent nous y faire renoncer. — On peut dire que ceux qui se bornent à la vertu, ont un esprit et un jugement bornés. — Celui qui se dévoue pour sa Patrie, doit la supposer insolvable; il doit même s'attendre à la trouver ingrate : en effet, il serait un insensé, si le sacrifice qu'il est disposé à lui faire, n'était pas généreux, et dicté par l'amour seul de la vertu. — Paris est une ville d'amusements et de plaisirs, où les quatre cinquièmes des habitants meurent de chagrin. — Si les hommes ne formaient pas de société, s'ils se fuyaient les uns les autres, il faudrait leur en demander la raison ; ils naissent tous liés les uns aux autres ; un fils est né près de son père, et s'y tient : voilà la société et la cause de la société. — On se met de niveau avec un ennemi, lorsqu'on se venge d'une offense; on s'élève au-dessus de lui, lorsqu'on l'oublie.

Il en coûte bien plus pour nourrir un vice, que pour entretenir dix malheureux à la fois. — Un enfant doit être dans une éternelle appréhension de faire quelque chose qui déplaise à ses parents; cette crainte doit l'occuper sans cesse : en un mot, il doit agir dans tout ce qu'il fait, avec tant de précaution, qu'il ne fasse jamais rien qui offense ou qui afflige tant soit peu les auteurs de ses jours. — L'estime de soi-même, qui se fait trop sentir, ne manque jamais d'être punie par le mépris universel. — Les personnes polies ont fréquemment de la douceur dans les mœurs, et des qualités liantes : c'est la ceinture de Vénus; avec elle, on est certain de gagner tous les cœurs. — On ne parvient guère à amasser de grandes richesses, sans faire trois sacrifices inappréciables : celui du repos, celui de l'honneur, et celui de la réputation. — La justice et l'humanité nous égalent aux Dieux. — La fortune des riches, la gloire des héros, la majesté des rois, tout finit par *ci-gît*. — La modération dans les plaisirs n'est pas toujours une vertu; tel homme est en réputation de sagesse, qui n'a que du flegme et de l'insensibilité. — Si tu veux corriger les autres, il faut commencer par te corriger toi-même. — Tout ouvrage qui ne fait pas faire un pas de plus vers la perfection, est inutile. Jeunes Auteurs, méditez donc long-temps avant que d'écrire. — L'homme doit se rapprocher souvent de la Nature; c'est dans la contemplation de ses œuvres, qu'il se forme les vraies idées du beau.—Des peines à souffrir, des biens qu'il faut laisser : tel est l'inventaire exact de la vie; et la poussière en poussière est le terme de toutes les grandeurs de la terre. — Faire sa fortune n'est pas le synonyme de faire son bonheur; l'un peut cependant s'accroître avec l'autre. — Veux-tu n'être jamais *contrarié*, et réussir dans tes projets; fais tes affaires toi-même. — Les hommes sont toujours contre la raison, quand la raison est contre eux. — La Jeunesse sans expérience, attirée par une lueur trompeuse, se précipite sur une foule de maux; les années instruisent l'homme, il se détrompe en vieillissant; mais, dès qu'il a trouvé l'art de vivre, les portes de la mort s'ouvrent. — La richesse est un poids d'or, une source d'inquiétudes, un plaisir mêlé d'amertume, un sujet éternel de jalousies et de procès. — L'homme a besoin de si peu! et pour si peu de temps! Pourquoi donc se fatigue-t-il vainement à tendre de nouveau et à rajuster l'arc dont la Nature relâche et brise successivement toutes les cordes? — Rarement les Ministres qui ont de l'esprit, choisissent des hommes supérieurs pour les mettre en place ; ils les croient trop indociles et trop peu admirateurs. — La sottise veut toujours parler, et n'a jamais rien à dire : voilà pourquoi elle est tracassière. — Un seul exemple produit plus d'effet, que cent volumes d'exhortations ou de menaces. — On ne peut pas, en compagnie, juger de tout l'esprit d'un homme ; on peut juger de la partie bonne à la société, mais non pas de la profondeur des idées. — La bienfaisance est une source, dont les eaux filtrent et se perdent sans utilité, lorsqu'on n'en dirige pas le cours ; il faut lui ouvrir des canaux. — Il est des secrets qu'on ne doit confier, qu'après avoir mérité l'estime de ceux à qui on ose les révéler. — Dans la douleur imprévue, on se fait des consolations de mille choses qui, le moment d'auparavant, auraient été des sujets de chagrins. — La sympathie est une confidence secrète. — Lorsqu'on se voit généralement haï, on sait toujours pourquoi on l'est. — Si j'interrogeais tout réformateur sur ses motifs, et qu'il fût de bonne foi, il me répondrait : Je veux régner. — A la Cour, on se perd par les dupes que l'on fait, si l'on n'a pas l'art d'en faire. — Je ne m'étonne pas si l'esprit, qui, de toutes les qualités, devrait être la plus aimable, est aujourd'hui la plus suspecte. Quel usage fait-on de son esprit? Une arme à feu est moins dangereuse. Si l'on pouvait défendre par une loi, d'avoir de l'esprit, je ne serais pas étonné qu'il fût un jour défendu d'en avoir, comme il l'est de porter des pistolets. — Ceux qui sont incapables de faire de grandes fautes, sont peu capables de faire de grandes choses. — Le principe de notre estime ou de notre mépris pour une chose, est le

besoin ou l'inutilité dont elle nous est. — La justice est un rapport des actions des particuliers avec
le bien public. — Les hommes laids, en général,
ont plus d'esprit, parce qu'ils ont eu moins d'occasions de plaisirs, et plus de temps pour étudier.
— L'histoire est le roman des faits, et le roman
est l'histoire des sentiments. — Passer son temps à
contempler des choses tout-à-fait frivoles, cela s'appelle bayer aux corneilles. — L'histoire enseigne
que la vertu n'a rien à gagner avec les hommes;
que, sur cent, à peine s'en trouve-t-il un vertueux
par inclination, et qu'ils sont tous faux et perfides.
Le roman, au contraire, ne nous présente que des
modèles de droiture et de fidélité. — La prérogative
du philosophe est de n'être surpris par aucun événement; rien ne peut étonner, en effet, celui qui a
placé sa confiance en Dieu. — Il faut rire, avant
d'être heureux, de peur de mourir sans avoir ri. —
On ne fait pas de sacrifice à la raison sans un pénible effort. — L'adversité est sans doute un grand
maître, mais ce maître fait payer cher ses leçons; et
souvent le profit qu'on en retire ne vaut pas ce
qu'elles ont coûté. — Les plus petites machines font
souvent mouvoir les plus grandes choses. — La Jeunesse inexpérimentée croit pouvoir se suffire à elle-
même; mais ignorante comme elle l'est, sujète à
mille besoins, environnée de dangers, que devien-
drait-elle, privée de nos conseils et de nos secours?
— Pour bien goûter le bonheur, il faut avoir été
malheureux. — La Nature, avare de ses prodiges,
ne donne que de loin à loin de grands hommes à la
terre; nous devons donc honorer et respecter à ja-
mais¹ ceux dont les actions célèbres sont consignées

dans l'histoire, ou ceux dont nous avons nous-mêmes le bonheur d'admirer les vertus éclatantes. — La cupidité rend l'homme malheureux, en lui rendant insupportables les privations qu'il endure. — Il arrive fréquemment, et l'expérience le démontre, qu'un événement qui nous paraît heureux, et dont nous avons vivement désiré le succès, recèle dans son sein le germe de nos maux. — Un Intendant écrivit au bas d'un placet une ordonnance au crayon. On en appela au Conseil. Monsieur d'Aguesseau, prenant la parole, dit : C'est une affaire à terminer avec de la mie de pain.

Un Sage jouit des plaisirs, et s'en passe comme on fait des fruits en hiver. — Raisonner, pour la plûpart des hommes, c'est le péché contre nature. —Si quelqu'un vous paraît excessivement vertueux, ou si vous rencontrez un homme qui, déchaîné contre les vices, ne compâtit pas aux faiblesses d'autrui, ressouvenez vous de mes paroles : Croyez que cet homme, en apparence si parfait, cache sous des dehors séduisants un cœur gonflé d'orgueil et de luxure. — Rien ne m'amuse plus que d'entendre un conteur ennuyeux faire une histoire circonstanciée; je ne suis pas attentif à l'histoire, mais à la manière dont il la fait. — Pour la plûpart des gens, j'aime mieux les approuver que les écouter. — Quand je me fie à quelqu'un, je le fais sans réserve; mais je me fie à très peu de personnes. — Ce qu'on appelle subtilité d'esprit, n'est souvent qu'une incapacité singulière de penser solidement. — Il faut plus de finesse pour savoir être économe de son esprit, que pour en paraître prodigue. — Si tu es sage, tu ne feras à autrui que ce que tu voudras qu'on te fasse;

tu n'as besoin que de cette loi, qui est regardée comme le fondement et le principe de toutes les autres lois. — Quand on veut devenir philosophe, il ne faut pas se rebuter des premières découvertes affligeantes qu'on fait dans la connaissance des hommes; il faut, pour les connaître, triompher du mécontentement qu'ils donnent, comme l'anatomiste triomphe de la nature, de ses organes et de son dégoût, pour devenir habile dans son art. — On voit tous les jours des hommes se couper une main gangrenée, pour sauver le reste de leur corps. — Les gens qui ont peu d'affaires, sont de très grands parleurs; moins on pense, plus on parle : c'est pourquoi les femmes sont sujètes à parler plus que les hommes. — Une nation où les femmes donnent le ton, peut être regardée comme une nation parleuse. — L'esprit veut presque toujours avoir raison, et le cœur ne veut jamais avouer ses torts. — Il en est de la plûpart des savants, comme des financiers, qui sont souvent d'autant plus orgueilleux, qu'ils se sont plus enrichis aux dépens d'autrui. — Ceux qui disent ce qu'il faut taire, taisent ordinairement ce qu'il faut dire. — Les passions sont les images du bien et du mal. — Il en est de l'admiration comme de la flamme, qui diminue, dès qu'elle cesse d'augmenter. — La plûpart des jeunes auteurs croient être délicats, lorsqu'ils ne sont que raffinés. — Il n'est pas d'encens qui entête autant une femme, que celui qui ne brûle pas pour elle. — C'est rêver en veillant, que de s'inquiéter des songes qu'on a eus pendant le sommeil. — Il est des défauts aimables, comme il est des laideurs qui font fortune. — Le devoir des femmes est d'être vertueuses; leurs priviléges semblent les borner à le paraître; plusieurs oublient leurs devoirs, mais toutes se souviennent de leurs priviléges. —Qu'est-ce qu'un philosophe? C'est un homme qui oppose la nature à la loi, la raison à l'usage, sa conscience à l'opinion, et son jugement à l'erreur. — Au lieu de vouloir corriger les hommes de certains travers insupportables à la société, il aurait fallu corriger la faiblesse de ceux qui les souffrent. —Il y a des hommes qui ont la manie de s'élever sans cesse au-dessus de leurs semblables. Pourvû qu'ils soient en évidence, tout leur est égal; sur des tréteaux de charlatans, sur un théâtre, un trône, un échafaud, ils seront toujours bien, pourvû qu'ils attirent les yeux. — Partout où je trouve l'Envie, je me fais un plaisir de la désespérer; je loue toujours devant un envieux ceux qui le font pâlir. — La vie est un journal sur lequel on ne doit inscrire que de bonnes actions. — Les vérités qu'on aime le moins à entendre, sont celles qu'on a le plus d'intérêt à savoir. — Remplacez la perte d'un avantage ou d'un agrément par l'acquisition d'une vertu. — On paye cher, le soir, les folies du matin.—Il n'y a pas d'homme que la Fortune ne vienne visiter une fois dans la vie; mais, lorsqu'elle ne le trouve pas prêt à la recevoir, elle entre par la porte, et sort par la fenêtre. — Il est une remarque bien vraie à faire, c'est que la plûpart des choses qui nous font plaisir, sont déraisonnables. — Combien y a-t-il d'hommes qui puissent dire, ainsi que le vrai philosophe: J'ai fait en ma vie bien des sottises; mais on ne peut me reprocher aucun acte de méchanceté. — Les livres anciens sont pour les auteurs; les nouveautés, pour les lecteurs. — Il en est d'un se-

eret comme d'un trésor. Dès qu'une fois on sait où
il est, on ne tarde pas à le découvrir. — La tempérance est un arbre qui a pour racine le contente-
ment de peu, et pour fruits le calme et la paix. —
Pourquoi faut-il que la plûpart des hommes soient
plus capables de grandes actions, que de bonnes ! —
Les gens qui ont beaucoup d'esprit, tombent souvent dans le dédain de tout. — Il y a deux choses
qui perdent les hommes : ce sont l'abondance des
richesses et l'abondance des paroles. — Les amis de-
vraient se donner le mot pour mourir le même jour.
— Nous voyons fréquemment que les gens d'esprit
sont gouvernés par des valets, et les sots, par des
gens d'esprit. — Quand une fois l'ambitieux est dé-
chu, il ne vit plus qu'à ses propres yeux ; il a joué,
il a perdu : telle est l'histoire de toute sa vie. — La
plûpart des orateurs nous donnent en longueur ce
qui leur manque en profondeur. — Quand on a une
maison de verre, il n'est pas prudent de jeter des
pierres dans la maison de son voisin. — La vieillesse du méchant est pire que la boîte de Pandore ;
elle renferme tous les maux, et ne conserve pas
l'espérance. — Aimer à lire, c'est faire un échange
des heures d'ennui, qu'on doit avoir dans ce monde,
contre des heures vraiment délicieuses. — Je n'ai
jamais pu comprendre comment certains rois ont
cru aussi aisément, qu'ils étaient tout, et comment
les nations ont été aussi disposées à croire qu'elles
n'étaient rien. — Informe toi du voisin, avant de
prendre maison, et du compagnon, avant de faire
route. — Si je savais quelque chose qui me fût utile,
et qui fût préjudiciable à ma famille, je le rejete-
rais de mon esprit. Si je connaissais quelque chose

qui fût utile à ma famille, et qui ne le fût pas à ma Patrie, je chercherais à l'oublier. Si je savais quelque chose utile à ma Patrie, mais qui fût préjudiciable au genre humain, je le regarderais comme un crime.

Si l'on ne voulait qu'être heureux, cela serait bientôt fait; mais on veut être plus heureux que les autres, et cela est presque toujours difficile, parce que nous croyons les autres plus heureux qu'ils ne le sont réellement. — Ceux qui ne donnent que leur parole pour garant d'une assertion qui reçoit sa force de ses preuves, ressemblent à cet homme qui disait : J'ai l'honneur de vous assurer que la terre tourne autour du soleil. — Dans les grandes choses, les hommes se montrent comme il convient de se montrer; dans les petites, ils se montrent tels qu'ils sont. — Quand on veut éviter d'être charlatan, on doit fuir les tréteaux : car, si l'on y monte, on est forcé à être charlatan : sans quoi l'assemblée vous jète des pierres.—Les méchants font quelquefois de bonnes actions; on dirait qu'ils veulent éprouver s'il est vrai que cela fasse autant de plaisir que le prétendent les honnêtes-gens. — Un philosophe définit très bien la célébrité, quand il dit que c'est l'avantage d'être connu de ceux qui ne vous connaissent pas. — Le changement de modes est l'impôt que l'industrie du pauvre met sur la vanité du riche. — L'amour est une folie aimable, et l'ambition n'est qu'une sottise sérieuse. — Voulez-vous voir à quel point chaque état de la société corrompt les hommes; examinez ce qu'ils sont, quand ils en ont le plus long-temps éprouvé l'influence, c'est-à-dire dans la vieillesse; voyez ce que c'est

qu'un vieux courtisan, un vieux prêtre, un vieux
juge, un vieux procureur. — J'ai souvent remarqué que le premier mouvement de ceux qui ont
fait quelque action héroïque, qui ont arraché des
infortunés à la mort, qui ont couru quelque grand
péril, qui ont procuré des avantages à leurs con-
citoyens, j'ai, dis-je, remarqué que leur premier
mouvement a été de refuser la récompense qu'on
leur offrait. Ce sentiment s'est trouvé dans le cœur
des hommes les plus indigents et les moins instruits.
Quel est donc cet instinct moral qui avertit l'homme
sans éducation, que la récompense des bonnes œuvres est dans le cœur de celui par qui elles ont été
faites? Il semble qu'en nous les payant, on nous les
ôte. — Trois choses ne se connaissent qu'en trois
occasions : le courage à la guerre, la sagesse au moment de la colère, l'amitié dans l'adversité. — On
donne des repas de vingt louis à des gens en faveur
de chacun desquels on ne donnerait pas un petit
écu pour qu'ils fissent une bonne digestion de ce
même dîner de vingt louis. — Voici l'épitaphe
qu'on lit sur la tombe de l'Auteur de Télémaque :
« Sous cette pierre repose Fénélon. Passant, n'efface
» point, par tes pleurs, cette épitaphe, afin que d'au-
» tres la lisent et pleurent comme toi. » — Le mot
qui t'échappe, est ton maître ; celui que tu retiens,
est ton esclave. — Une âme fière et honnête, qui a
connu les passions fortes, les fuit, les craint, dédaigne la galanterie, comme l'âme qui a senti l'a-
mitié, dédaigne les liaisons communes et les petits
intérêts. — Quand un homme et une femme ont
l'un pour l'autre une tendresse pure, fondée sur
l'estime, il me semble que, malgré les obsta-

cles qui les séparent, ces deux êtres privilégiés sont
sont l'un à l'autre de par la Nature, et qu'ils s'appartiennent, en quelque sorte, de droit divin; les lois
humaines les uniront plus tard. — Pourquoi se pré-
vient-on tous les jours contre les gens dont on n'a jamais eu à se plaindre? Il est bien vrai cet adage, qui
dit: Que de gens réputés méchants, avec lesquels on
serait trop heureux de passer sa vie entière! — Plus
on est élevé, plus on doit craindre; les riches sont
toujours plus exposés que les pauvres; et la foudre,
en tombant, frappe les plus hautes montagnes. —
C'est bien à tort que les personnes qui obligent, seulement pour leurs intérêts, demandent qu'on leur
en ait obligation. — La modestie est au mérite, ce
qu'une gaze légère est à la beauté; elle peut en diminuer l'éclat en apparence, mais elle en rehausse
le prix dans la réalité. — Le sot se reconnaît à six
attributs: il se fâche sans motif; il parle sans utilité;
il se fie sans connaître; il change sans raison; il in-
terroge sur ce qui lui est étranger; enfin il ne sait
pas distinguer son ami de son ennemi. — Heureux
le peuple dont le Souverain, amant de son épouse,
sans être son esclave, ne chérissant qu'elle, son peuple et la vertu, respecte les lois de l'hyménée, si
souvent violées sur le trône, et trouve ses plaisirs
dans ses devoirs! Sûr d'être respecté, tant qu'il se
respecte, il voit tous les jours que l'estime publique
justifie celle qu'il a nécessairement pour lui; son
exemple prépare la révolution des mœurs, et rappelle, par degrés, la vertu sur la terre. L'homme
avili par la débauche, n'ose plus prétendre au rang
où sa fortune lui permettait d'aspirer, et l'ambition, plus forte dans son cœur, que ses autres pas-

sions, le force à ressembler à son prince, s'il veut mériter d'en être aperçu. — Une seule journée d'un Sage vaut mieux que toute la vie d'un sot. — Un bon livre est le meilleur des amis. Vous conversez agréablement avec lui, lorsque vous n'avez pas un ami auquel vous puissiez vous fier. Il ne révèle pas vos secrets, et il vous enseigne la sagesse. — Les hommes et les affaires ont leur point de perspective ; il y en a qu'il faut voir de près pour en bien juger, et d'autres dont on ne juge jamais aussi bien que quand on en est éloigné. — Les plus hautes dignités ne sont que de beaux piédestaux, où l'on ne doit paraître que fort petit, quand on ne s'y est pas élevé par sa propre vertu. — Le plus bel héritage qu'un père puisse laisser à ses enfants, héritage mille fois préférable aux plus riches patrimoines, c'est la gloire de ses vertus et de ses belles actions. — L'orphelin n'est pas celui qui a perdu son père ; c'est celui qui n'a ni science ni bonne éducation. — Une chose injuste ne saurait être ni avantageuse ni utile. — L'abbé Fouquet, favori du Cardinal Mazarin, ayant poussé la hardiesse jusqu'à montrer, sur une carte, l'endroit où Monsieur de Turenne devait passer une rivière, ce Maréchal lui donna sèchement sur le doigt, et lui dit : Monsieur l'Abbé, votre doigt n'est pas un pont. — Comme on reprochait un jour à Milton de n'avoir pas enseigné le latin à ses filles : Une femme, répondit-il, a bien assez d'une langue. — Un Auteur injustement critiqué s'en consolait en disant : Quand on ne dira plus de mal de moi, c'est qu'il n'y aura plus de bien à en dire. — J'ai lu dans un manuscrit de Lavater :

Le grand bonheur est dans le flux et le reflux de donner et de recevoir.

Quand bien même l'immortalité de l'âme serait une chimère, je serais fâché de ne pas croire que mon âme soit immortelle; et, en cela, j'avoue que je ne suis pas aussi humble que les athées. J'ignore comment ils pensent; pour moi, je ne veux pas troquer l'idée de mon immortalité, contre celle de la béatitude d'un jour. Je suis charmé de me croire immortel comme Dieu même. Indépendamment des idées révélées, celles que j'ai d'un Dieu vengeur et rémunérateur me donnent une très forte espérance de mon bonheur éternel; cette espérance me soutient, et je ne voudrais pas y renoncer. — N'est-il pas vrai de dire que l'amour-propre est le plus grand de tous les flatteurs? — La vertu est l'habitude des bonnes actions; le vice est celle des mauvaises. — Une action est bonne ou mauvaise, selon qu'elle est, ou non, conforme aux lois. — L'intérêt parle toute sorte de langues, et joue toute sorte de personnages, même celui de désintéressé. — Le caprice de notre humeur est plus bizarre, que celui de la Fortune. — La sincérité est une ouverture de cœur; on la trouve en fort peu de gens, et celle que l'on a coutume de voir, n'est qu'une fine dissimulation pour attirer la confiance des autres. — Si nous n'avions pas d'orgueil, nous ne nous plaindrions pas de la vanité d'autrui. — Ce que les hommes sont convenus d'appeler amitié, n'est qu'une société, un ménagement réciproque d'intérêts, un échange de bons offices; ce n'est enfin qu'un commerce où notre amour-propre se propose toujours quelque chose à gagner. — On vous dit quelquefois, pour vous engager à aller chez telle ou telle femme : Elle est très aimable... Mais si je ne veux pas l'aimer ! Il vaudrait mieux dire : Elle est très aimante, parce qu'il y a plus de gens qui veulent être aimés, que de gens qui veulent aimer eux-mêmes. — L'amour plaît plus que le mariage, par la raison que les romans sont plus amusants que les histoires. En amour, il suffit de se plaire par ses qualités aimables et par ses agréments ; mais, en mariage, pour être heureux, il faut s'aimer, ou du moins se convenir par ses défauts. — Vivre d'aumônes, n'est-ce pas porter les livrées de la Providence ? — Un sot dans l'élévation est un homme placé sur une éminence, du haut de laquelle tout le monde lui paraît petit, et d'où il paraît petit à tout le monde. — La pire de toutes les mésalliances est celle du cœur. — Si l'on veut se faire une idée de l'amour-propre des femmes dans leur jeunesse, qu'on en juge par celui qui leur reste après qu'elles ont passé l'âge de plaire. — C'est avec raison qu'on dit d'un homme tout-à-fait malheureux : Il tombe sur le dos, et se casse le nez. — Une femme impérieuse, sans esprit, et qui veut plaire, est un pauvre qui commande qu'on lui fasse l'aumône. — Il y a une farce italienne, où Arlequin dit, à propos des travers de chaque sexe, que nous serions tous parfaits, si nous n'étions ni hommes ni femmes. — Détromper un homme préoccupé de son mérite, c'est lui rendre un aussi mauvais service, que celui qu'on rendit à ce fou d'Athènes, qui croyait que tous les vaisseaux qui arrivaient dans le port, étaient à lui. — La femme qui s'estime plus pour les qualités de son âme ou de son esprit, que

* 3

pour sa beauté, est une femme supérieure à son
sexe. Celle qui s'estime plus pour sa beauté, que
pour son esprit ou pour les qualités de son âme, est
de son sexe. Mais celle qui s'estime plus pour son
rang ou pour sa naissance, que pour son esprit ou
pour son âme, est au-dessous de son sexe. — Il paraît qu'il y a dans le cerveau des hommes une case
de moins, et dans leur cœur une fibre de plus, que
chez les hommes; il fallait une organisation particulière pour les rendre capables de supporter, soi-
gner et caresser des enfants. — C'est à l'amour ma-
ternel, que la Nature a confié la conservation de
tous les êtres; et, pour assurer aux mères leur récompense, elle l'a mise dans les plaisirs et même
dans les peines attachés à ce délicieux sentiment.—
La philosophie triomphe aisément des maux passés
et à venir; mais les maux présents triomphent d'elle.
— Il faut de plus grandes vertus pour soutenir la
bonne fortune, que pour supporter la mauvaise. —
L'état de société ne fait pas, ou du moins ne devrait
pas faire cesser l'égalité: au contraire, elle devrait
l'assurer et la défendre. — Le bonheur des hommes
doit naître de la morale bien conçue. — Les Anciens,
ainsi que les Modernes, ont attaché une idée de no-
blesse à l'oisiveté; cependant l'oisiveté est la source
de tous les maux, dans la politique et dans la morale.
— Quand les lois seront simples, les mœurs le seront
aussi; l'amour de ses semblables conduit infailliblement à la bonté des mœurs. — Quelle pouvait être
la puissance des lois, quand l'homme du peuple voyait
son pareil conduit à l'échafaud pour le même crime
qui envoyait un seigneur en exil? — L'égalité des ri
chesses est une chimère qui n'a pas d'exemple; le

partage des terres ne vaut rien, ni comme action, ni comme loi. — Peu de gens connaissent la mort ; on la souffre ordinairement, non par résolution, mais par stupidité et par coutume; et la plûpart des hommes meurent, parce qu'on ne peut s'empêcher de mourir. — Si nous n'avions pas autant de défauts, nous ne prendrions pas autant de plaisir à en remarquer dans les autres. — Quoique les hommes se vantent de leurs grandes actions, elles sont fort souvent, non pas les effets d'un grand dessein, mais les effets du hasard. — Notre défiance justifie la tromperie d'autrui; mais, selon moi, il est plus honteux de se défier des autres, que d'en être trompé. — Certains vieillards aiment à donner de bons préceptes, pour se consoler de n'être plus en état de donner de mauvais exemples. — Rien ne doit diminuer autant la satisfaction que nous avons de nous-mêmes, que de voir que nous désapprouvons, dans une circonstance, ce que nous approuvions dans une autre. — Les instants sont à nous, n'attendons pas les années. *Aujourd'hui* est là, gardons nous de le perdre; si *demain* arrive, tant mieux ! il faudra le traiter comme un ami que le ciel nous envoie, et le fêter, dût-il partir le soir même. — Celui qui a tâché de vivre de manière à n'avoir pas besoin de songer à la mort, la voit venir sans effroi.—Qui s'endort dans le sein d'un père, n'est pas en souci du réveil. — Les mauvaises maximes sont pires que les mauvaises actions. Les passions déréglées inspirent les méchantes actions; mais les méchantes maximes corrompent la raison même, et ne laissent plus de ressource pour revenir au bien.—Choisissons nos modèles dans l'Antiquité, parce qu'ordinairement on ne nous y pré-

sente que de grands exemples. Dans les modernes , l'imitation peut avoir ses inconvénients ; rarement les copies réussissent. Il y a long-temps qu'on a dit que toute copie doit trembler devant son original.
— L'Histoire transmet à la postérité les vertus des hommes célèbres et les crimes des méchants; on ne saurait donc trop lire l'Histoire qui nous donne la mesure de vénération que nous devons avoir pour les uns, et d'aversion, pour les autres.

SECONDE PARTIE.

PARTICIPES.

Les lois sont faites pour le plus grand avantage de tous; il faut donc obéir aux lois qu'on a établies. — La nation qui n'est assujétie à aucune loi, est condamnée à vivre très malheureuse. — C'est l'absence des lois, qui a toujours produit l'anarchie mille fois plus cruelle que le despotisme.—La liberté sage, que les philosophes ont toujours aimée, peut être regardée comme la source des vertus morales, et comme le véhicule du génie. — La tyrannie insupportable que le vrai philosophe a toujours détestée, n'a jamais produit que la corruption des mœurs publiques, et le malheur des nations qui ont plié sous son joug de fer. — Dans un Etat despotique, les hommes n'osent faire usage de la raison qu'ils ont reçue en partage. Si donc l'homme ne peut pas dire : Je veux ou je ne veux point, on ne pourra pas lui accorder des éloges, ou lui faire des reproches, selon les actions bonnes ou mauvaises qu'il aura faites. — L'indépendance, que le vrai philosophe a toujours chérie, fut en tout temps l'idole des hommes les plus célèbres.—Qui ne sait que Sophocle, Démosthène, Cicéron, Corneille, Rousseau et Montesquieu, dont nous avons lu les ouvrages, étaient amis de la liberté, qu'il ne faut pas confondre avec l'infâme licence?—

Assiégés dès l'enfance d'une foule de préjugés honteux, qu'on a vainement combattus, nous devons, ont dit certains philosophes, briser au plutôt les liens d'un esclavage aussi funeste. — Oh! que j'envie le sort de ceux qui, exempts d'affaires publiques, et loin des cités bruyantes, passent leur vie dans les campagnes qu'ils ont héritées de leurs ancêtres! — On conviendra que, depuis qu'il est permis de respirer, les communications entre les individus faits pour se rapprocher, se sont un peu rétablies. — Il est à désirer que les honnêtes-gens ne se séparent plus, et qu'ils tâchent de déciller les yeux des hommes que la force des circonstances a égarés. — La meilleure manière de se venger d'une injure, c'est de ne pas imiter celui qui l'a faite. — De tout temps, les despotes, ennemis nés des talents, se sont entourés d'hommes assez corrompus pour se vendre, ou assez sots pour ne pas s'apercevoir des atrocités de ceux auxquels ils étaient attachés. — L'homme, qui est si vain, est sur le point de rendre à la Nature sa propre poussière, qu'elle ne lui a prêtée que pour une heure. — On doit être consolé des fautes qu'on a commises, lorsqu'on songe combien on pourrait en commettre de plus grandes. — L'Egypte, le berceau des sciences, les avait à peu près perdues, faute de ce grand moyen conservateur et propagateur : la presse de l'imprimerie. Dans les derniers jours du dix-huitième siècle, une imprimerie s'est établie au Caire. Qui donc l'y a portée? La nation française. — Soyons doux et bienfaisants; aimons à obliger ceux à qui il est en notre pouvoir de rendre service. Les bonnes œuvres que nous aurons faites, ne seront jamais perdues pour nous. — L'instruction publique, qu'on avait tant négligée jusqu'à présent, peut seule opérer la réforme des mœurs, qu'une licence excessive a corrompues, réforme utile et indispensable, que les vrais amis du Gouvernement ont sollicitée depuis un grand nombre d'années. — Les jeunes-gens doivent faire en sorte que les études qu'ils ont faites, et les instructions qu'ils ont reçues, se répandent sur leurs mœurs : de plus, que tout le profit de leurs lectures se tourne en vertu. — Qu'il est doux de faire de bonnes actions! Quelle peine ne ressent pas intérieurement celui que sa conscience accuse! Rien ne peut suppléer à la joie que les remords ont ôtée. — Les bienfaits que nous avons reçus de quelqu'un, veulent que nous excusions les mauvais procédés qu'il a eus quelquefois à notre égard. — L'expérience est une école où les leçons coûtent cher; heureux celui qui les a pratiquées ou qui les pratique! — Quand un ami nous a trompés, on ne doit que de l'indifférence aux marques extérieures de son amitié; mais on doit toujours être sensible aux malheurs qu'il éprouve ou qu'il a éprouvés. — La vraie philosophie, celle que j'ai adoptée, n'est pas conforme à la philosophie des Platon et des Xénocrate. — Jeunes Princes, nous vous avions donné de bons conseils, mais vous ne les avez pas suivis. Des courtisans maladroits vous ont trompés. — Aristide était un citoyen dont la justice et la douceur étaient admirées de tout le monde; cependant il fut condamné à l'exil par ses compatriotes, qui ne pouvaient souffrir qu'il existât un homme plus juste qu'eux. — Le vertueux Aristide ne put détourner la basse jalousie que son mérite personnel avait excitée contre lui: tant il est vrai que, plus on a de qualités essentielles, plus on a d'envieux! — Je ne saurais approuver la conduite que ce jeune-homme a tenue dans une circonstance où il aurait pu, au contraire, se faire beaucoup d'honneur. — Combien d'ouvrages de mauvais goût inondent aujourd'hui la République des lettres! Tant s'en faut que je les aie lus, qu'au contraire je les ai éloignés de ma maison. — L'expression dont vous me parlez, a déjà été employée par divers Écrivains du premier mérite; c'est donc avec raison que vous l'avez adoptée. — Cette action bien belle, que vous venez de me raconter, se trouve consignée dans la feuille périodique qu'on m'a donnée à lire aujourd'hui. — La justice et l'humanité, dont nous faisons tant de cas, ont toujours été honorées par les nations les moins polies. — Les peuples eux-mêmes que l'on a regardés comme sauvages, ont admiré et estimé les hommes justes, tempérants et désintéressés: tant il est vrai que le désintéressement, la tempérance et l'équité méritent tous nos hommages! — Cette pensée était bien belle, mais vous l'avez gâtée en la traduisant d'une manière sèche et triviale. — Je ne sais pourquoi les volumes qu'on avait apportés ici ont été enlevés, et comment ils l'ont été à l'insu de tout le monde. — L'histoire que vous m'avez lue n'est pas du tout vraisemblable; son auteur l'a remplie d'incidents et d'anecdotes, auxquels on ne saurait ajouter foi. — On dit que l'armée ennemie est atténuée tant par *les combats et les batailles,* qu'elle a livrés depuis un mois, que par la privation des différentes troupes auxiliaires qu'elle a envoyées sur divers points. — Vous voyez des malheureux que j'ai reçus chez moi; ils ne savaient de qui implorer la pitié; je *les* ai ac-

cueillis et secourus avec les meilleures intentions.
— Ce peuple n'est pas aussi barbare que vous le
croyez peut-être; je connais ses usages et ses coutumes, que j'ai étudiés, lorsque je vivais au milieu
des champs qu'il habite. — Que de gens, même
lettrés, pèchent tous les jours contre la règle des participes, parce qu'ils ne l'ont jamais connue ni étudiée! La Grammaire que j'ai donnée au Public, leur
facilitera l'intelligence de cette même règle. — Je
me suis accoutumé depuis long-temps à écrire les
difficultés que j'ai rencontrées; c'est pourquoi je les
ai toujours vaincues, quand elles se sont présentées.
— Les exploits d'Alexandre ont été vantés par quelques historiens; pour moi, loin de les admirer, je
les ai toujours jugés dignes de blâme. — La métairie
que nous avons achetée, ne nous a pas coûté fort
cher, parce que celui qui nous l'a vendue, avait le
plus grand besoin d'argent. — Les plus grandes fautes
ont été commises par les plus grands hommes; il semble qu'elles aient été marquées au coin de leur génie.
— Lisez souvent, mon ami, les bons ouvrages que
je vous ai procurés; je sais que vous les avez seulement parcourus, ce qui ne suffisait pas. — La vraie
philosophie tend à former l'esprit et le cœur; ceux
qui l'ont étudiée avec le désir de devenir meilleurs,
ont trouvé des charmes réels dans l'étude qu'elle
exige. — Tes sœurs sont venues admirer les distri-
butions que tu as faites dans le jardin et dans la
ferme que tu as achetés; elles ont paru contentes des
changements que tu y as introduits. — Ce jeune-
homme n'a pas rempli les devoirs qu'on lui avait
prescrits; j'ignore quelle est la vraie cause de ce
manque de soin; je ne sais quelle excuse il pourra

apporter pour légitimer en quelque sorte son inexactitude; mais je le préviens que je ne le recevrai plus, s'il persévère dans la conduite qu'il a tenue jusqu'ici. — L'intérêt que nous prenons aux temps qui nous ont précédés, et à ceux qui nous suivront, ne provient que de l'attachement que nous avons à la vie. — On avoue les torts qu'on a eus, et l'on nie ceux qu'on a; de même on raconte les maux qu'on a soufferts, et l'on cache ceux que l'on souffre.—Vous ne connaissez pas bien la tolérance; cette vertu est très belle, mais chacun l'a défigurée ou mal définie jusqu'à ce jour. — Je dois rappeler à cette femme les principes qu'elle a suivis dans l'éducation de ses enfants, et les leçons qu'elle leur a données. — La saison est devenue moins froide; c'est pourquoi les hirondelles, avant-coureuses du printemps, sont revenues dans nos régions, qui naguère leur paraissaient glacées et inhabitables. — Je porterai à votre sœur les œillets et les tulipes que j'ai cueillis dans ce riant parterre. — Que de belles actions on nous a racontées! Que de traits sublimes ou a consignés dans les annales de la vertu, depuis que la révolution s'est opérée! Mais aussi, que d'horreurs, que de scènes sanglantes ne seront jamais oubliées, puisque des historiens véridiques les ont recueillies! — Vous ignorez les règles que je vous ai enseignées, parce que vous n'avez pas jugé à propos d'écouter l'explication que j'en ai donnée.—Vous n'avez pas lu, mes amis, la Grammaire que vous avez achetée; cependant je ne vous ai conseillé d'en faire l'acquisition, que pour vous mettre à portée de faire une excellente provision de connaissances grammaticales. — Les fables que mon oncle a lues au Lycée, lui ont obtenu les applaudissements de tous les hommes éclairés. — L'idée de cet ouvrage est bien bonne; nous l'avons empruntée d'un opuscule fort peu connu, et qui a été traduit de l'espagnol. — Chérissez vos parents, qui vous ont prodigué mille bienfaits; mais aimez votre Patrie, que les bons citoyens ont toujours servie et serviront toujours.—Parmi les pièces nouvelles que ce théâtre a données, nous avons distingué avec plaisir la tragédie qu'on a représentée ce soir; elle nous a paru heureusement intriguée et écrite avec goût. — Les absences qu'a faites cet écolier, n'ont pas peu contribué à lui inspirer le dégoût du travail; faut-il être surpris, d'après cela, qu'il paraisse s'éloigner de plus en plus de l'étude qu'il n'a d'ailleurs jamais aimée?—Je vous donnerai les ouvrages que votre père a composés dans ses moments de loisir; quand vous les aurez lus, vous me les remettrez. — Périclès ne tarda pas à éclipser la réputation qu'avaient usurpée de sots déclamateurs et d'ennuyeux sophistes.

La nation française sera triomphante, lorsqu'enfin elle aura établi au dedans la paix que nous avons tant souhaitée, et lorsqu'elle aura rendu la vie au commerce et aux beaux-arts qui ont langui si longtemps. — J'ai lu les beaux plaidoyers que cet avocat a faits; je les ai admirés, quoique je ne partage pas ses opinions. — Suivez, mes amis, les bons conseils que votre mère vous a donnés; elle ne veut que votre bien; vous ne vous repentirez pas de lui avoir obéi. — La musique que j'ai entendue ce matin a paru faire plaisir à tout le monde; chacun a goûté les morceaux qu'on a chantés. — Il importe au bonheur de la France d'obtenir une paix durable,

sur-tout après les malheurs d'une guerre longue et
désastreuse, qui peuvent l'avoir épuisée, quelles
que soient d'ailleurs ses ressources. — Les soldats
que j'ai vus, à qui j'ai parlé, m'ont semblé bien
propres à manier habilement les armes que nous
leur avons confiées. — Les régions qu'ont parcourues nos braves, sont pleines de leurs exploits; ils
ont gagné, dira-t-on, presque toutes les batailles
qu'ils ont livrées. — Quand nos triomphes seront
racontés aux générations futures, elles croiront dif-
ficilement à la rapidité prodigieuse avec laquelle la
France les a obtenus.—L'Histoire et la Géographie
que ma sœur a étudiées, charmeront tous ses instants. — Que de gens se rappellent trop les injustices qu'on leur a faites! Cependant il est doux et
glorieux de pardonner les offenses qu'on a reçues.
— Je vous renverrai demain le paquet et la lettre
qu'un nouvel émissaire m'a apportés; ces deux objets ne m'appartiennent pas : or je ne sais pour
quelle raison on me les a adressés. — Les prix que
ce jeune-homme a obtenus, ont flatté son amour-
propre; j'approuve la résolution bien sincère qu'il
paraît avoir formée, de redoubler d'ardeur pour
obtenir de nouvelles récompenses à la fin de cette
année. — Quand pourra-t-on dire? Les Français
qu'on a lassés par des guerres extérieures qui ont
exaspéré leur caractère, ont enfin conquis la paix
qu'ils avaient souhaitée depuis si long-temps. —
Les victoires que nous avons remportées, justifie-
ront la haute réputation que nous nous sommes
acquise depuis bien des années dans la carrière militaire. — Nos intrépides guerriers ont obtenu des
succès dont il sera long-temps parlé; le burin de

l'histoire les a gravés en caractères indélébiles. —
Les ennemis du bien public avaient cru que les
troupes françaises seraient facilement terrassées;
mais leurs folles espérances ont été déçues. — On
dit que César-Auguste oubliait facilement les injures qu'il avait reçues de ses ennemis; qui de nous
ne doit pas imiter la conduite de cet empereur? —
Quelles que fussent les divisions du Peuple et du
Sénat, quand la Patrie était menacée de quelque
péril, le Sénat et le Peuple les avaient bientôt oubliées. — Je compte beaucoup sur la valeur étonnante que nos soldats ont déployée en mille circonstances critiques. La Victoire, qui ne les a pas abandonnés jusqu'à ce moment, demeurera toujours fidèle à leurs drapeaux. — Je me flatte que votre ami
soutiendra la bonne opinion qu'il a donnée de ses
talents. — Les deux comédies que vous avez lues
dans notre dernière séance, ont paru fort agréables
à tous ceux qui les ont entendues; pour moi, je les
ai jugées dignes du meilleur de nos poètes comiques.
— Dans tout État bien civilisé, il n'y a personne
qui ne doive se soumettre volontiers aux lois
qu'on y a établies, de quelque nature qu'elles puissent être. — Pourquoi ignorez-vous, mon ami, les
règles grammaticales qu'on vous a enseignées si souvent? C'est que vous ne les avez jamais bien comprises. Il y a sans doute de très bons Grammairiens;
mais vous ne les avez jamais consultés. — Qui peut
ignorer combien il est doux et glorieux de secourir l'innocence et la vertu que l'on a injustement
opprimées? — Que d'éloges ne sont pas dus aux
personnes qui se sont toujours imposé l'obligation
bien douce de protéger le mérite indigent! — Qui

a trouvé les deux colombes que j'ai perdues? Elles ont abandonné la volière fort jolie que je leur avais donnée. — Nous connaissons tous l'influence bonne ou mauvaise que les journaux ont eue jusqu'à cette heure. — Je me flatte que votre ami, dont la probité m'est connue, ne trahira pas la confiance que j'ai placée en lui. — Les heures que vous avez perdues, ne pourront jamais être réparées, parce que le temps passé ne se répare jamais; il est donc de votre intérêt, si vous voulez acquérir des connaissances précieuses, de profiter des moments qui vous sont accordés, tant pour orner votre esprit, que pour former votre cœur à la vertu. — Mon oiseau, qui a pris la fuite, reviendra sans doute dans la demeure bien riante que je lui ai préparée; il ne voudra pas se séparer de ses petits, qu'il a laissés dans le plus cruel abandon, et qui sans cesse redemandent leur mère dont ils se voient privés. — La poésie et la peinture que nous avons de tout temps cultivées, sont deux arts bien agréables, qui méritent d'être connus et encouragés. — Boileau est un poète célèbre par la critique saine et judicieuse qu'il a exercée sur les Ecrivains de son siècle. — Bien loin de connaître votre syntaxe, dont les règles sont développées dans la Grammaire que je vous ai donnée, vous ignorez même l'orthographe qu'on vous a enseignée dès votre bas-âge. — Les arbres que nous avons fait planter, nous donneront bientôt une ombre hospitalière, que les chaleurs de l'été rendront plus agréable. — Je ne sais par quelle fatalité mes deux tourterelles ont quitté la volière dont le séjour les avait tant charmées; il est temps qu'elles reviennent au lieu qui les a vues naître et se reproduire. Je m'ennuie de leur trop longue absence. — La mythologie, que vous avez ignorée jusqu'à présent, est une connaissance indispensable pour tous les peintres et les poètes. — Nous avons trouvé vos jeunes fils qui jouaient dans la rue; nous les avons fait reconduire à la maison paternelle. — La résolution que nous avons formée, a été bien mûrie; nous l'avons discutée de la manière la plus solennelle. — Je ne suis pas tenu à remplir les obligations que vous avez relatées dans votre dernière lettre, car je les ai contractées dans un moment où je n'étais pas maître de mes esprits. — Quelle puissance n'ont pas eue ces hommes élevés aux premières charges ! Mais en ont-ils toujours usé pour faire tout le bien possible? — J'ignore quelles raisons ont empêché ces jeunes-gens de remplir les devoirs très faciles qu'on leur avait donnés à faire. S'ils continuent, ils ne soutiendront pas l'opinion avantageuse que nous avions conçue d'eux. — Les sciences qu'on a enseignées à votre ami, lui seront toujours nécessaires, dans quelque position qu'il se trouve. — Quelques Ecrivains estimables ont eu lieu de se plaindre de la sévérité parfois injuste que Boileau a apportée dans l'examen de leurs ouvrages. — Ne croyez pas que vos parents, dont l'avarice est le principal défaut, vous indemnisent des dépenses que vous avez faites pour l'achat de quelques bons livres dont vous venez d'enrichir votre bibliothèque. Je sais que ces livres étaient nécessaires pour votre instruction; mais je ne me dissimule pas que vos parents ne voient rien de moins utile au monde que des livres, quelque précieux qu'ils puissent être. — La bienfaisance que cette mère de famille avait toujours exercée à l'égard des pauvres, l'avait fait constamment regarder comme leur refuge assuré et leur ange tutélaire. — On jugera des éloges qu'a reçus l'Auteur de cette jolie pièce, par les difficultés sans nombre qu'il a eues à surmonter, et qu'il a surmontées en effet. — La mémoire de cet Ecrivain sera toujours chère à la Patrie, aux arts et aux sciences qu'il a également honorés, et dont il s'est montré le généreux soutien. — Il est rare qu'une découverte neuve et importante n'occupe pas entièrement celui qui l'a proposée le premier. — Les connaissances astronomiques des Indiens leur ont été apportées du nord, et ils les ont reçues telles qu'ils les ont conservées. — Je ne serais pas surpris que peu de personnes consentissent à examiner cette cause que nous avons jugée d'avance. — Les louanges qu'on avait accordées avec affectation aux agréments de cet ouvrage, en faisaient suspecter la vérité et la solidité. — Pour connaître l'esprit des fables, on les examine chez tous les peuples à qui elles ont appartenu, et on les compare ensemble, afin qu'elles s'éclairent mutuellement. — Nous marquerons la place que nous semblent avoir occupée les premiers peuples de la terre, auxquels on rapporte l'origine des arts, des opinions et des coutumes des autres peuples. — Voici la méthode que l'Auteur a suivie : Nous marcherons contre l'ordre des temps, en simplifiant sans cesse le système mythologique, en le dépouillant des additions qu'il a reçues de chaque peuple, et à chaque époque ; et, en remontant ainsi le fleuve de la tradition, nous reporterons dans chaque pays les productions étrangères et différentes qu'il a charriées jusqu'à nous.—

—Chaque génération a eu de nouvelles idées. Le dépôt de la tradition s'est composé de souvenirs que
le temps a altérés, et de fictions que l'imagination a
créées. — Ce Général, dont la mémoire sera long-
temps révérée, a parcouru une carrière de quatre-
vingt-sept ans, qu'il a consacrée entièrement au service de sa Patrie. Après l'avoir servie de sa propre
personne avec distinction, il lui a encore donné des
preuves de zèle et de dévouement par la publication
de ses écrits. — Un de ces Messieurs dont l'esprit
n'est pas susceptible de se perfectionner, s'est hâté
de critiquer la préface dont nous parlons, avant de
l'avoir lue, ou, s'il l'a lue, avant de la comprendre.
— Vainement on me demanderait à qui appartiennent les diverses locutions que j'ai consignées dans
cet ouvrage, après les avoir rassemblées de toute
part; je ne pourrais répondre à une pareille question; car, depuis vingt ans, je m'occupe du soin de
recueillir tout ce qui est vicieux en Grammaire.

La Lusiade peut passer pour un des plus beaux
poèmes qu'on ait jamais lus depuis Homère et Virgile. — Plusieurs villes de la Grèce et de l'Asie se
sont disputé l'honneur d'avoir été le berceau d'Homère. — J'ai donné au Camoëns des idées qu'il n'a
jamais eues; et c'est, dit-on, un des reproches qu'on
m'a faits. — Jamais Cicéron ne nous aurait autant
attachés à la lecture de ses ouvrages, s'il n'y avait
répandu cette morale et ces sentiments vertueux
qui en font tout le charme. — Que de raisons se
sont opposées à la formation des deux établissements
fort utiles que j'avais projetés! — Un homme qui
fut promu par ses talents à une place éminente, alla
remercier le Ministre par qui il avait obtenu la

place qu'on lui avait confiée. Le Ministre, qui était persuadé que les gens à talents ne manquent jamais de faire honneur à l'homme en place qui les a élevés à un poste important, lui dit : Quelles grâces avez-vous donc à me rendre ? Je n'ai eu en vue que l'utilité et l'intérêt publics; croyez que, si j'avais trouvé quelqu'un plus digne que vous de remplir la place que le Gouvernement vous a accordée, sans que vous la lui ayez demandée, je ne vous aurais pas choisi pour remplir cet emploi. — Quand M. de Buffon parla, on crut entendre l'interprète de la Nature célébrer en Monsieur de la Condamine celui qui l'avait observée le plus constamment, et le plus audacieusement interrogée. — Il vous sera utile de connaître les recherches qu'on a faites dernièrement sur l'antiquité et sur la mythologie; deux Savants estimés nous les ont rendues plus faciles. — L'Homme, dès qu'il s'est mesuré avec la Nature, s'est senti faible et petit devant elle. Ces grands effets qui surpassaient sa puissance et étonnaient son esprit, il les a attribués à des êtres surnaturels plus grands et plus forts que lui. — La voix des orages, l'action qui fait pousser le grain ou mûrir les fruits, tout a paru à l'Homme l'ouvrage de ces êtres invisibles dont il se croyait entouré; après les avoir imaginés, il n'a pas tardé à croire qu'il les avait vus.—Les Sages ajoutèrent beaucoup de fables à celles qu'on avait déjà reçues; ils se servirent d'allégories pour enseigner aux hommes la pratique de la vertu, et pour leur expliquer ce qu'ils croyaient savoir des phénomènes de la Nature. — La fable est née et s'est perpétuée comme se conservent dans nos campagnes les contes des sorciers et des revenants. C'est

au coin du feu, et dans les longues veillées, que l'oisiveté s'est amusée à ces récits. — En écartant cette
énorme superfétation de petits Dieux subalternes
que Rome avait créés pour toute sorte d'usages, on
peut s'en tenir aux fables ou métamorphoses qu'O-
vide nous a conservées, et regarder ce recueil
comme le depôt de la mythologie que les Romains
avaient adoptée. — Les ouvrages que j'ai vu commencer sont loin de ressembler à ceux que l'on a
détruits; ces derniers ne pouvaient périr que de
vétusté. — L'art de gagner la confiance du lecteur,
et de ne tirer des conclusions, qu'après les avoir
long-temps préparées et rendues d'avance presque
évidentes, se fait remarquer dans cet écrit, comme
dans toutes les productions que Bailly nous a laissées.
— Si ce Savant estimable plaît par la richesse et la
variété des images, il attache encore plus par la multitude des pensées fines et vraies qu'il a exprimées
avec grâce dans ce dernier Ouvrage. — Tous ceux
qui seront appelés à louer le grand homme dont
nous honorons aujourd'hui la mémoire, diront
toutes les vérités nouvelles qu'il a publiées, les découvertes intéressantes qui lui sont dues, les grands
travaux qu'il a conduits à leur perfection, les mé-
thodes admirables qu'il a trouvées, les routes qu'il
a parcourues, celles qu'il a ouvertes à ses successeurs, enfin tous les services qu'il a rendus à sa
Patrie et au monde. — Les Pyramides d'Egypte
ont été mises par les Anciens au nombre des sept
merveilles de la terre, et les voyageurs modernes
qui les ont visitées, n'ont pas peu contribué à leur
assurer cette place; mais le Savant dont je vous
parle, et qui les a examinées de sang froid, assure

qu'il faut rabattre de l'idée qu'on s'était formée de la beauté de ces monuments. — Les sciences n'étaient autrefois aussi difficiles à étudier, que parceque l'on les avait hérissées d'un style barbare. — Les oiseaux que j'ai vus s'abattre dans la plaine, me paraissent appartenir à ce fermier qui vient de me demander si j'ai rencontré les pigeons qu'il a perdus. — Le même enthousiasme et la même curiosité qui lui avaient fait si souvent exposer sa vie, ont avancé sa mort; il l'a vue s'approcher sans en être effrayé. — Voilà les ennemis que cette femme célèbre a eus à combattre, et qui n'ont pu être vaincus ni par sa prudence, ni par sa douceur. — Les poètes se sont persuadé faussement que des fictions aussi absurdes que celles-là pourront plaire à des hommes raisonnables. — On reconnaît aisément dans les deux ouvrages que j'ai prêtés à votre ami, les idées sublimes et touchantes que notre philosophie a adoptées et développées. — On voit dans quelques traits de ce discours l'attention bien grande que l'Auteur a portée à l'art militaire chez les Romains. — Je pense que vous ne pouvez pas vous égarer en suivant la route que nous a frayée ce philosophe digne du siècle d'Aristote. — Il ne doit y avoir pour la puissance exécutive d'autre balance, que celle que les lois elles-mêmes ont établie et fixée. — Les légumes qu'on a servis ne peuvent convenir à la faiblesse de mon estomac. — Cet habile et intrépide voyageur vit de près des torrents de foudre sillonner ces neiges antiques que n'avaient point effleurées les feux de l'équateur. — Les vengeances que j'ai vu exercer envers ces misérables colons, ont jeté l'épouvante dans mon âme. — La fablé que j'ai entendu lire, n'a pas obtenu les suffrages des hommes de lettres qui se trouvaient dans notre assemblée; tous l'ont jugée trop longue et trop peu morale. — C'était avec raison que j'appréhendais les maux que pouvaient attirer sur nous la mauvaise conduite et les fautes réitérées des hommes qui nous ont trop long-temps gouvernés. — Nous nous quittâmes, et je me mis à réfléchir sur le penchant qu'ont eu les hommes de tous les siècles à écouter les faiseurs de prédictions. — Tels sont les principaux traits que j'ai cru apercevoir dans cet ouvrage où les caractères font honneur à celui qui les a tracés, où les tableaux font l'éloge de celui qui les a dessinés. La variété que j'y ai remarquée dans les situations, est due à la marche que l'Auteur a adoptée. — Cet éloge nous a paru bien écrit; il renferme des vérités historiques que chacun a reconnues, et auxquelles tout le monde a applaudi. — Combien d'Ecrivains très instruits, sur-tout dans le genre de l'histoire, n'ont accumulé d'immenses richesses, que pour étayer un préjugé favori dont ils s'étaient entêtés! — Je voudrais savoir quels sont ces germes de fertilité que la philosophie a déposés sur notre terre, quelles sont ces vérités neuves qu'on paraît avoir senties, quels sont ces principes qu'on a nouvellement découverts et qui étaient méconnus de nos pères, enfin en quoi nous sommes meilleurs et plus sages que nos aïeux. — Vous avez trouvé sans doute dans les écrits d'Homère, que nous avons lus ensemble, un fonds admirable de philosophie et de morale. — Les poëtes ont successivement inventé les genres, et les ont portés presque à la perfection. — J'aurai occasion de faire remarquer les changements qui se sont opérés dans la littérature, à l'époque où les femmes ont commencé à faire partie de la vie morale de l'homme.—Ç'a été à la suite des orages politiques, que se sont formés les plus grands Ecrivains qui aient existé. — Bien des femmes aimables savent réparer par des moyens nouveaux de plaire, les moyens d'avoir plu, qui leur sont échappés. — Suivez les bons exemples que nous ont laissés les personnes célèbres qui nous ont précédés dans la carrière de la vertu. — La rivière que j'ai vu détourner, aurait procuré une grande fertilité à nos champs qui manquent d'eau. — Les Auteurs que j'ai commencé à traduire de l'espagnol en français, ne m'ont pas semblé fort faciles, quoiqu'on les ait déjà traduits en diverses langues. — Je plains vos tourments, et les fatigues que vous avez eues à essuyer dans ce voyage de longue haleine. — Entend-on par la destinée des hommes, par les intérêts des époux, les charges dont on les a revêtus, les intérêts que la Patrie leur a confiés ? — L'Andrienne, que j'ai vu représenter, ne m'a pas paru propre à la scène française.—Vous voyez devant vous, Madame, celui qui vous a long-temps disputé cette victoire; si je l'ai obtenue, c'est que vous me l'avez complaisamment cédée. — Les preuves authentiques et non équivoques que vous m'avez données, de votre amitié, me font espérer que vous voudrez bien me rendre les deux services que j'ai réclamés de votre complaisance.—Jeunes-gens, que de mauvaises lectures ont dépravés, je m'aperçois que la conduite de votre camarade n'est pas moins honteuse que la vôtre ; s'il ne vous avait pas fréquentés, je ne désespérerais pas de son salut.—Cet Auteur a pris, ce me semble, à tâche d'établir des vérités qu'on avait souvent obscurcies, faute de lumières ou de bonne foi. — Caton, étant déjà vieux, étudia la langue grèque qu'il avait négligé d'apprendre par mépris pour ce qui n'était pas Romain. — Rendez moi la Vie de Caton, que je vous ai prêtée ; je veux, en la relisant, m'assurer s'il naquit l'an de Rome cinq cent vingt-deux. — Ce philosophe laissa, dit-on, en mourant, beaucoup plus de biens qu'il n'en avait hérité de son père. — On ne sait pour quelle raison cette femme s'est donné la mort ; on croit que le chagrin et la pauvreté l'ont seuls déterminée à commettre ce suicide. — Mes amis, n'oubliez pas qu'on vous a recommandé en tout temps la tempérance et la sobriété. — Quelque dures, quelque pénibles qu'aient été vos fatigues, vous me paraissez néanmoins les avoir supportées avec courage. — Les grands hommes que cette ville a vus naître, méritent une place distinguée dans les annales de l'histoire. — Considérons les périls extrêmes qu'a courus cette princesse sur mer et sur terre pendant l'espace de dix ans. Combien de fois n'a-t-elle pas remercié le ciel de deux grâces : l'une, de l'avoir faite chrétienne ; l'autre, d'avoir rétabli les affaires du roi, son fils ! — C'est sur-tout à la poésie, que les langues doivent les plus grandes richesses qu'elles ont tirées de l'usage de la métaphore. — Cette femme s'est cassé l'épaule ; les douleurs qu'elle a souffertes ne peuvent se concevoir. — Si vous manquez souvent aux règles grammaticales que je vous ai enseignées, c'est que vous n'avez jamais bien compris les principes que j'ai développés, et les explications que j'ai faites ici où nous sommes. — Les villes dont nos soldats se sont emparés, renfermaient un butin considérable; ce ne fut qu'après y être entrés, qu'ils se rendirent maîtres de tant de richesses qu'avaient laissées les ennemis en fuyant. — Les obligations que s'est imposées votre mère, ne sont pas difficiles à remplir; je les ai moi-même contractées, et je les remplis tous les jours. — La plûpart des hommes qu'on a élevés aux dignités, font bien peu de cas des opprimés et des indigents qui leur demandent secours et protection.

La Troade, si fière des poésies sublimes du prince des poètes, appela les regards de notre voyageur; mais il y perdit avec regret les magnifiques idées qu'il s'en était formées. — La tendre et généreuse Andromaque ne mettait pas de différence entre ses enfants et ceux qu'Hector avait eus de ses maîtresses. — Caton fut blâmé d'avoir réveillé cette affaire, qu'on avait regardée dans le temps comme le fruit de l'animosité; on l'accusa de l'avoir renouvelée, par suite de la haine qu'il avait toujours manifestée contre Scipion, dont il avait censuré les dépenses exorbitantes. — Mon fils naquit le dix novembre mil sept cent quatre-vingt-onze. — Elle vit la mort s'avancer à pas lents et sous la figure qui lui avait toujours paru la plus hideuse; elle se trouva entre les bras de la mort, sans presque l'avoir envisagée. — Cette élection fut telle que les factieux l'avaient résolu; ils virent s'éloigner les bons citoyens qu'ils avaient intimidés. — Je doute que vos sœurs, que j'ai négligé de voir pendant mon séjour à Caën, me pardonnent le peu d'empressement que j'ai mis à leur rendre visite. — La philosophie, que nous avons étudiée, nous enseigne à supporter avec résignation les maux qui nous arrivent, et que nous nous sommes

souvent attirés par notre imprévoyance ou par le
mépris des bons conseils qu'on nous avait donnés.
— Pourquoi n'avez-vous pas accompagné vos parents
que j'ai vus sortir seuls et qui comptaient sur vous ?
Ils sont venus s'informer des progrès que vous êtes
censé avoir faits depuis deux ans que vous fréquentez
les différents cours que nous avons ouverts ici. — La
caution que je vous ai donnée, mes amis, est sûre
et bonne; vous pouvez être certains que vous n'avez
rien à perdre. — Les guerres onéreuses que la France
a eues à soutenir, les sommes exorbitantes qu'elle a
employées pour la solde de ses troupes, n'ont pas
peu contribué à accroître les dépenses publiques.
— Les fatigues qu'ont essuyées nos valeureux soldats, ne les engagent point à s'enrôler de nouveau
sous les étendards de Mars ; cependant, quelques
souffrances qu'ils aient endurées, nous aimons à
croire qu'ils oublieraient bientôt les périls qu'ils
ont courus, et les maux qu'ils ont soufferts, pour
ajouter, s'il le fallait, des triomphes utiles à ceux
qu'ils ont déjà obtenus. — Il est beau de pardonner
les outrages qu'on a reçus ; mais que de gens ne
savent pas oublier les torts qu'on a eus envers eux !
— Portez à votre sœur les œillets et les roses que j'ai
cueillis au sein de mon parterre ; je ne doute pas que
ces fleurs, qu'elle a toujours beaucoup aimées, ne
lui soient infiniment agréables. — Nous accompa-
gnerez-vous dans le voyage que nous avons dessein
de faire cet été ? Nous passerons par les villes d'Arles
et de Marseille, que des hommes bien coupables ont
ensanglantées. — Le château et la maison de campagne que votre ami a achetés dans l'Anjou, ont été
évalués plus de seize cents mille francs. — Les maux

* 4

dont le Ciel nous a justement accablés, prouvent combien l'Être suprême est puissant et terrible en sa vengeance. — Que de sages ordonnances Caton n'a-t-il pas rendues, pour rétablir l'ordre public et les bonnes mœurs qui avaient dégénéré ! — On trouve de fort beaux cafés dans cette riante promenade, laquelle est bornée par une superbe pièce d'eau en demi-lune, dont j'ai mesuré la profondeur. — Comme on s'étonnait devant Caton de ce qu'il n'avait pas encore obtenu de statue : J'aime mieux, dit-il, entendre demander pourquoi il ne m'en a pas été accordé, que de voir des gens surpris de ce que j'en ai eu. — Ma fille, vous savez que je vous ai recommandée à votre tante, qui veut bien prendre soin de vous, en mon absence ; j'espère que vous la contenterez. — Ma chère enfant, je vous ai toujours donné de bons exemples à suivre ; je me flatte que vous ne vous écarterez jamais de la route que je vous ai tracée. — Souvenez vous, ma fille, que je vous ai recommandé souvent d'être polie et prévenante envers tout le monde ; c'est par la prévenance et par la politesse, que vos frères se sont concilié l'estime de tous les honnêtes-gens. — Cette armée ne parut pas d'abord aussi nombreuse, aussi formidable qu'on l'avait annoncé. — Les talents et les vertus mal dirigés n'ont servi, dit un historien, qu'à perdre la ville d'Athènes. — C'est vous que j'accuse, amis complimenteurs, qui, pour fêter un patron, venez troubler le poète en ses nobles élans, et le forcez en quelque sorte à chanter la beauté qu'il n'a jamais connue. — Allons retrouver mes filles que j'ai laissées dans leur appartement où elles sont occupées à peindre ou à broder ; je les ai de bonne heüre accoutumées au travail ; c'est d'elles aussi, que j'attends toute ma consolation. — Crassus voyait d'un œil jaloux la gloire dont s'étaient couverts Pompée et César. — Cette ville fut frappée d'effroi en voyant l'ennemi sous ses murs, avant de s'être préparée à le repousser. — Il laissa échapper la victoire que semblaient lui promettre ses lauriers ; souvent il l'avait fixée par ses manœuvres habiles, et elle lui serait sans doute restée fidèle, sans les circonstances qui ont précédé son entreprise. — Une table que j'ai placée à la fin du volume, indique les sujets que j'ai empruntés, et les sources qui me les ont fournis. — Nous avons lu les beaux plaidoyers que nous avions entendu prononcer, et nous les avons admirés avec raison. — Les ariettes que nous avons entendu chanter aujourd'hui, ont été du goût de tout le monde. — Le dessin et la géographie, que votre sœur a étudiés, charmeront tous ses instants ; elle s'amusera dans le silence du cabinet, lorsque ses compagnes paraîtront s'ennuyer. — Les prix et les couronnes que cet enfant a obtenus, ont flatté son amour-propre ; j'approuve la résolution sincère qu'il a formée de travailler plus fortement encore, pour obtenir de nouveaux triomphes. — J'ai décacheté le paquet et la lettre qu'on m'a apportés ce matin, je ne sais par quelle méprise ; mais je les ai renvoyés tout de suite à la personne à qui on les avait destinés. — Quoique vous admiriez avec raison les ouvrages des modernes, je crois que les chefs-d'œuvre que nous ont laissés les Ecrivains de l'Antiquité, l'emportent beaucoup sur eux. — Vous n'écoutez pas, mon cher ami, les explications que nous faisons ici, et qui tendent à vous procurer l'instruction que vou

avez négligé de recevoir jusqu'à présent. — Il serait
à propos que les citoyens qu'on a élevés aux premières charges, eussent été malheureux auparavant;
ils sauraient venir au secours de ceux qu'on a opprimés. — J'ai pris lecture de la lettre que m'ont adres-
sée vos tantes; elle m'a paru ne rien contenir d'important; je la leur ai renvoyée aussitôt que je l'ai
eue lue. — Que d'écrits, que de compilations n'ai-
je pas parcourus! mais que la plûpart de ces productions étaient mauvaises! — Quelque malheureux
que nous soyons dans ce monde, nous paraissons
néanmoins tenir à la vie, que la Nature ne nous a
donnée que pour un temps. — Votre cousine, que
j'ai rencontrée, m'a promis de venir à la maison,
aussitôt qu'elle aura terminé quelques affaires qui
l'occupent, et qu'elle a déjà commencé à débrouil-
ler. — La fête que nous avions préparée, ne put
avoir lieu, le mauvais temps n'ayant pas permis
qu'on se rassemblât dans les lieux et à l'heure que
que j'avais moi-même indiqués. — Les terres que
j'ai vu labourer, produiront une ample moisson;
elles indemniseront l'agriculteur des peines qu'il a
prises. — Les jasmins et les tulipes que tu as cueillis
pour moi, auraient dû être offerts à ton épouse qui
aime les fleurs. — Les ouvrages que j'ai commencé
à écrire, ne pourront pas être achevés avant neuf
mois, parce qu'il faut que je parcoure les volumes
qu'on a composés sur cette matière fort ingrate, que
personne n'a encore traitée à fond. — Il est bien difficile de perdre les mauvaises habitudes qu'on a contractées dans sa jeunesse. — Pourquoi votre frère,
dont la probité est connue, n'a-t-il pas accepté les
fonctions importantes que lui a confiées un Gouver-

nement plus ami de la vertu ? Tout le monde est
persuadé qu'il les aurait remplies d'une manière honorable. — Avez-vous vu la pièce nouvelle qu'ont
représentée ici des artistes indignes de ce nom?
Nous ne l'avons pas vu jouer, parce que nous avons
bien pensé qu'elle n'offrirait aucun ensemble, les
histrions qu'on nous avait annoncés, n'étant pas
capables de remplir les rôles difficiles dont ils s'étaient
témérairement chargés. — Les hommes qu'on a choisis pour confondre l'audace des méchants, sauront
prouver qu'ils sont dignes du nom français et de la
réputation qu'ils ont déjà obtenue. — Qui de vous a
lu l'histoire que nous avons publiée sur les découvertes utiles que les Savants ont faites pendant ce
siècle mémorable ? — La conduite qu'a tenue en
cette occasion votre frère, dont j'avais toujours eu
sujet d'admirer la prudence, m'a paru peu circons-
pecte à bien des égards. — Nous sommes allés voir
un de nos amis, qui est malade depuis long-temps;
une indisposition peu grave qu'il a traitée trop légèrement, l'a réduit à l'état fâcheux où il est. Sa
famille, que nous avons trouvée dans l'affliction,
désespère de son salut. — Cette guerre entrait dans
le plan du fameux concordat par lequel les Trium-
virs s'étaient partagé l'Empire du monde. — Il ne
put résister à l'espèce de délire qui s'était emparé de
toutes les classes de citoyens. — Les arbres que nous
avons vu planter, ont fait de très grands progrès en
fort peu de temps; je me flatte qu'ils rapporteront
plus de fruits que n'en promettaient ceux que j'ai
fait couper et jeter au feu, par la seule raison qu'ils
ne répondaient plus aux espérances qu'ils m'avaient
données jusqu'alors. — Ne conviendrait-il pas de

s'emparer dés derniers moments de ce respectable vieillard, pour faire en lui une solennelle réparation à tous ceux qu'on a laissés mourir dans un ingrat abandon ? — L'heure que j'ai entendue sonner, annonce le moment du départ de ces braves guerriers, qui vont repousser les efforts que nous a constamment opposés une nation ennemie, mais très belliqueuse. — Les oiseaux que j'ai entendus chanter, m'ont rappelé des souvenirs bien agréables qui s'étaient presque entièrement effacés de mon esprit. — Je ne puis concevoir les applaudissements nombreux que cet ouvrage dramatique a excités; l'Auteur ne méritait pas la bienveillance que lui a témoignée un Public trop indulgent. — Les papiers que j'ai entendu lire, me font présumer que le Général français a remporté la victoire célèbre qu'on nous avait annoncée, et dont plusieurs journaux avaient déjà parlé. — Les ouvrages que tu m'as montrés et que j'ai lus avec tant de plaisir, auraient suffi pour faire la réputation de celui qui les a composés. — La pluie qui est tombée, a opéré un grand bien; la végétation s'est accrue depuis le jour où cette pluie bienfaisante est venue humecter le sol trop aride. — Votre sœur, que j'ai vue, se propose de composer un herbier de toutes les fleurs qu'elle a ramassées avec soin; je crois qu'elle sera secondée dans son entreprise par le célèbre naturaliste qui l'a formée. — Les objections que ce Savant m'a faites, sont spécieuses; mais, comme elles manquent de solidité, je n'ai pas cru devoir m'y arrêter; je les avais prévues, et je les aurais détruites à l'instant même, si j'avais voulu prendre la peine d'y répondre. — J'ai admiré les superbes monuments que j'ai vus avec mon ami; je les ai jugés dignes de l'architecte qui les a élevés. — Je vous engage à disposer des sommes d'argent que je vous ai confiées ; si je vous les ai remises entre les mains, je l'ai fait pour que vous vous en servissiez toutes les fois que vous en auriez besoin.

Qu'il est doux de posséder des connaissances, qui ne peuvent jamais nous être ravies, et que les Sages ont toujours préférées avec raison aux plus rares avantages! — Les sociétés charmantes que tu as fréquentées, ont dû te paraître bien aimables ; du moins elles ont semblé telles à ceux qui les avaient connues avant toi. — Les plantes que j'ai cultivées de mes mains, font l'objet de l'admiration publique; elles ont paru très rares à des gens qui n'avaient jamais rien vu de pareil. — Que sont devenus les arbres que votre père avait fait planter dans cette avenue? Il les a sans doute fait couper pour se chauffer cet hiver. — Le zèle et la bonne volonté que votre ami a montrés sans cesse dans le cours de ses études, lui ont procuré les connaissances solides qu'il a acquises, et qui ne l'abandonneront jamais. — Telles sont les récompenses peu flatteuses que m'ont valu les démarches que j'ai faites pour vous servir. —Les brillantes études que mon frère a achevées avec succès, l'ont mis à portée d'obtenir la place très honorable qu'il a toujours remplie avec distinction jusqu'à présent. — Vous n'ignorez pas quelle est la folie de la plûpart des hommes ; vous savez qu'elle les a conduits presque toujours à leur perte. — Les Éléments d'histoire naturelle que j'ai parcourus, m'ont semblé écrits avec beaucoup de clarté et de méthode ; je vous invite à les lire, pour connaître cette science qui mérite d'être distinguée.

— Ma mère a reçu les excellents livres que vous lui avez prêtés; quand elle les aura lus, elle les enverra, avec votre agrément, à une de ses amies, qui les lui a demandés. — Les connaissances que vous avez déjà puisées au milieu de nous, et que vous acquérez tous les jours en nous écoutant, doivent être regardées comme le plus bel héritage que vos parents vous transmettront. — Je ne connais pas encore bien le caractère de vos sœurs, car je les ai très peu fréquentées; mais je ne doute pas qu'elles ne soient aussi aimables que la Renommée le publie.—Quelle fête ç'aurait été pour moi d'être reçu dans cette maison que vous avez réparée, et que vos soins ont remeublée! C'est votre attention qui seule l'a conservée; votre excellent goût l'a rajeunie. — Une mère écrivait à sa fille : Je suis étonnée que vous n'ayez pas encore répondu aux deux lettres que je vous ai envoyées à votre couvent où vous ne paraissez pas vous plaire beaucoup; votre négligence est telle, que je ne saurais la pardonner. Eh quoi ! lorsque privée d'un époux dont j'étais tendrement chérie, je m'attendais à trouver en vous l'appui et la consolation de ma vieillesse, vous m'avez oubliée impitoyablement ! Je suis mère, et je n'ai plus de fille ! Si vous êtes gravement indisposée, ce que je ne peux croire, chargez une de vos amies de m'écrire à votre place, mais du moins que je reçoive de vos chères nouvelles. — L'étude seule a consolé les grands hommes dans les revers et dans les disgrâces qu'ils ont essuyés; l'étude seule leur a fait trouver quelque adoucissement à leurs maux. — Cet enfant paraît avoir beaucoup de goût pour le dessin; mais sa mère, qu'il a consultée avant de se livrer à l'étude

de cet art, ne veut pas qu'il perde son temps à faire
des pieds et des têtes mal ébauchés. — Jeunes-gens,
ne vous a-t-on pas souvent exhortés au travail qui
devrait faire en tout temps vos plus chères délices?
Cependant nous ne voyons pas que nos exhortations
vous aient beaucoup profité. — Le château et la
métairie que j'ai achetés, ont été estimés beaucoup
plus cher qu'on ne vous les avait vendus. — Les
courtisanes grèques consacraient leurs richesses à
embellir les lieux qui les avaient vues naître, les
lieux où elles aimèrent, où elles furent aimées. —
Les Auteurs ne sont pas rares aujourd'hui ; l'éloge
en a beaucoup tué cette année; j'en connais aussi
quelques-uns que les critiques n'ont pas empêchés
de vivre. — Depuis long-temps l'Afrique était devenue le théâtre de la guerre entre les Romains et
les Carthaginois; et les défaites continuelles que
ceux-ci avaient essuyées, les avaient précipités vers
leur ruine. — Régulus se transporta au Sénat où il
parla contre l'échange que les Carthaginois avaient
proposé; il représenta que les prisonniers Carthaginois, qu'avait faits l'armée romaine, l'emportaient
sur les Généraux latins dont Carthage s'était empa-
rée. — Hélène plut à Thésée; ses charmes qu'il
avait entendu vanter, furent cause qu'il l'enleva
avec son ami Pirithoüs. — L'Académie française
s'est laissée gagner de primanté par plusieurs Écrivains qui ont exécuté les projets littéraires qu'elle
avait conçus. — Les Athéniens prétendent que les
Dieux se sont disputé l'Attique, et les Corinthiens
rapportent la contestation qu'ont eue le Soleil et
Neptune au sujet de leur pays. — Nous venons d'apprendre la mort de Laïs ; les uns assurent que les

Thessaliens l'ayant attirée dans un temple de Vénus, l'ont assommée à coups de pierres ; les autres disent qu'elle a succombé par suite des excès auxquels elle s'est livrée. — Depuis quand habitez-vous cet asyle ? Depuis quatre-vingts-ans. J'ai trouvé cette maison commode, et je l'ai gardée. — Tout homme qui désirera une forte insomnie pour la nouvelle lune, l'obtiendra très probablement : telle est du moins l'opinion qu'a manifestée un Ecrivain connu. — Je regrette bien les douze heures que j'ai dormi ; je les aurais employées plus utilement, si l'on m'avait rendu le service de m'éveiller. — Il ne renvoie pas aux Savants cette grande question, sans l'avoir auparavant éclairée par une discussion pleine de rapprochements heureux. — Cette dette sacrée de la subordination sociale, on n'a le droit de l'exiger d'autrui, qu'autant qu'on l'a payée soi-même. — La forme épistolaire est celle qu'ont adoptée les deux Ecrivains dont nous avons lu les ouvrages fort utiles. — La Cour de Vienne est mécontente de la publicité que paraît avoir donnée le Cabinet de Londres au traité de subsides signé le vingt juin. — Mais cette chaîne, répondez, ne l'avez-vous pas choisie ? Ceux qui l'ont choisie, finissent souvent par la détester ; mais on me l'imposa malgré moi. — Il me parla de la dette qu'il avait depuis long-temps contractée à mon égard ; je lui assurai que les chagrins et les peines que j'avais éprouvés ne m'avaient pas laissé le temps de dresser un compte qui pût lui être présenté. — Le rhéteur Apollonius, quoiqu'il tirât un salaire de ses auditeurs, ne souffrait pas néanmoins que ceux qui n'avaient aucun talent, perdissent à l'écouter des heures précieuses qu'ils auraient mieux employées ailleurs que chez lui. — Les comédies qu'a publiées Chabanon, paraissent d'un comique noble et d'une morale pure. — Demander si toutes les langues qu'on a parlées sur la terre proviénnent d'une langue primitive, c'est, selon moi, mettre en question si toutes les nations ont eu un père commun. — Cette demoiselle s'est imaginé qu'on ignorerait la conduite scandaleuse qu'on l'a vue tenir; mais elle s'est étrangement trompée. Quelques précautions qu'une femme apporte pour se dérober aux regards du Public, les fautes qu'elle n'avait pas prévu qu'on apercevrait, ont été remarquées et signalées. — Cette Troie avec le nom de laquelle nos premières études nous ont familiarisés, dont nous avons entendu parler au sortir de notre enfance, cette fameuse Troie a-t-elle existé? — L'édition qu'on a annoncée, de cet ouvrage, est enrichie d'augmentations précieuses, de preuves qu'on n'avait pas encore réunies, et qui portent jusqu'à l'évidence ce que l'Auteur se propose de démontrer. — Quelle répugnance les Égyptiens n'ont-ils pas toujours montrée à prendre les habitudes des autres peuples, répugnance que les Français ont eu de nombreuses occasions de vérifier! — Corneille non-seulement créa en France la tragédie et la comédie, mais encore s'éleva dans ces deux genres à des beautés que n'ont pas connues les Anciens, et que n'ont pas égalées les modernes. — On voit ici la preuve de l'intérêt que le Kain avait inspiré à Voltaire, de l'amitié que lui a toujours conservée ce grand homme; on y voit des témoignages de l'estime qu'il s'était attirée, de grands personnages et d'hommes d'un rare mérite. — Une femme fort âgée dit à M. de Fontenelle en l'abordant: Eh bien, Monsieur,

nous vivons encore! Fontenelle lui mit le doigt sur
la bouche : chut, Madame! ils nous ont oubliés. —
Il avait quitté Léonore, celle qu'il avait tant chérie
autrefois; l'ayant soupçonnée d'infidélité, il avait
rompu avec elle, sans l'avoir convaincue. — Il y a
de ces vérités simples qu'on est étonné, après leur
découverte, d'avoir eues, pour ainsi dire, sous la
main, sans les saisir. — Il y a telle femme qui s'est
rendue malheureuse pour la vie, qui s'est perdue et
déshonorée pour un homme qu'elle a cessé ensuite
d'aimer, parce qu'il a mal ôté sa poudre, ou mal
coupé ses ongles, ou mis son bas à l'envers.— Votre
tante, qui vient de mourir fort âgée, a fait un tes-
tament olographe, par lequel elle vous a laissé
quinze ou seize cents livres de rente. C'était une
femme infiniment respectable, que j'ai toujours es-
timée à cause de ses vertus et de son esprit. — La
nouvelle désastreuse qu'on vous a rapportée, m'a
paru un peu apocryphe. — Les expressions dont je
me sers, sont loin d'être surannées; un long usage
les a consacrées depuis le siècle où vécurent Racine
et Boileau. — Dites moi où vos sœurs ont passé la
soirée; on ne les a pas trouvées chez elles, et je ne
les ai pas vues dans la maison où je les ai quelquefois
rencontrées. — De même qu'il y a des instants consacrés pour le jeu, de même il y a des heures que
nous avons nécessairement destinées au travail; il
faut que ces instants agréables et ces heures précieuses soient également bien employés. — Les affaires que j'ai terminées à votre grande satisfaction,
m'ont donné beaucoup de mal ; mais je suis loin de
regretter les peines qu'elles m'ont causées. — Cet
orme et cette vigne que j'ai mariés, formeront un
berceau charmant, et inviteront, pour ainsi dire, le

voyageur fatigué à venir se reposer sous leur ombrage. — Qu'elle est magnifique, qu'elle est étendue cette forêt où nous avons égaré nos pas! Que de cités agréables se trouvent dans ses environs! — La comédie que nous avons lue ensemble, m'a paru bien écrite; je ne doute pas que le rédacteur de la partie des spectacles ne l'ait jugée aussi favorablement que moi. — La saison que vous avez passée à la campagne, a dû vous paraître bien rigoureuse : en effet les métairies n'offrent rien que de triste pendant l'hiver. — Si j'étais homme à ajouter foi aux songes, je dirais que ceux que j'ai eus, ne présagent rien que de funeste; mais qu'elle est grande la folie des hommes qui, sur la foi d'un songe, espèrent un bonheur dont ils ne jouiront pas, ou redoutent des chagrins dont ils ne seront pas tourmentés! — Il est beaucoup de fautes grammaticales que les Auteurs les plus célèbres ont laissées dans leurs écrits; je m'étonne avec raison qu'ils ne les aient pas corrigées. — Voltaire et Buffon ne sont pas exempts de ces fautes que nous sommes en droit de leur reprocher; elles déparent les chefs-d'œuvre immortels qu'ils nous ont transmis; c'est pourquoi je les ai consignées dans un de mes ouvrages. (1). — La reconnaissance des peuples sera toujours le prix des services que la philosophie aura rendus à l'humanité. — Montesquieu a dit, et je le crois sur parole : Quand je me suis trouvé dans la société, je l'ai aimée, comme si je ne pouvais souffrir la retraite et la solitude, que j'ai cependant toujours chéries. Quand j'ai été dans mes terres, je n'ai plus songé au

(1) La CACOLOGIE, ou RECUEIL de locutions vicieuses, etc. 5e. Edition.

monde. — La franchise et la loyauté font le caractère distinctif de la nation Suisse, que j'ai toujours beaucoup aimée. — Que ne puis-je vous raconter tous les bons mots et toutes les saillies ingénues qu'on a recueillis de cette nation, amie de la vérité ! — Un de leurs Généraux, après une victoire qu'il avait remportée, faisait enterrer comme morts, des soldats qu'on avait seulement blessés. Ceux-ci se plaignant du peu de ménagement qu'on avait pour eux : Bon ! bon ! s'écria le Capitaine, si l'on voulait en croire tous ces gens-là, il n'y en aurait pas un seul de mort.

On dit que Caton oubliait facilement les injures qu'il avait reçues de ses ennemis, bien différent en cela des personnes qui ne savent rien pardonner. — On prétend que les assassinats sont très fréquents à Rome ; on trouve dans les rues des citoyens qu'on a impitoyablement égorgés, et l'on ne peut connaître leurs assassins. — Il y a dans cette ville des hôpitaux qui sont destinés à recevoir les gens qu'on a tués, et l'on assure que ces établissements sont toujours pleins. — Les traits de courage que nous a racontés ce soldat, méritent de trouver une place honorable dans les annales françaises. Il ne faut pas que des actions aussi belles, des actions que l'admiration générale a consacrées, soient perdues pour les générations futures. — La dame que vous avez vue chez moi, s'est toujours plu à soulager les pauvres et à consoler les orphelins qu'on lui a présentés. — Connaissez-vous l'histoire des deux Indes que Raynal a publiée ? Que de préjugés cet Ecrivain célèbre n'a-t-il pas eus à combattre ? quelle lutte n'a-t-il pas eue à soutenir contre le fanatisme politique ! — La fameuse Clairon, que personne de nous n'a connue, s'honorait des leçons que Voltaire lui avait données sur son art. Bien loin d'en rougir, elle avouait qu'elle était redevable à ce grand homme des applaudissements que lui avait prodigués un Public non moins éclairé que nombreux.—La Patrie nous crie tous les jours : Ne souffrez pas que les écoles que j'ai fondées, soient plus long-temps désertes. Que vos enfants répondent aux grandes destinées que vos généreux efforts leur ont préparées. —La pomme de terre et le maïs sont les plus utiles présents qu'ait faits à l'Europe la découverte du nouveau monde. — Vénus qu'on a irritée, a confié le soin de sa vengeance à son fils qui l'a exercée, hélas! avec trop de rigueur. — Les traces qu'a suivies Tancrède, ont dirigé sa course dans la forêt; mais des idées noires et lugubres ajoutent à l'horreur et aux ténèbres que la nuit y a répandues. Il jure de venger la maîtresse qu'il croit avoir offensée, et il accuse le ciel qui refuse à ses vœux la félicité qu'il avait espéré d'obtenir.—Je traversai la ville, vêtu comme à présent, le visage ombragé d'une barbe épaisse que j'avais laissée croître.—Il faut oublier les désordres et les calamités qu'a produits une perfidie active et désorganisatrice. — Que d'hommes ont supporté avec un courageux dévouement les sacrifices qu'a nécessités le passage de l'ancien ordre de choses au nouveau! Mais combien peu d'hommes se sont toujours tenus à l'écart des partis, ou les ont traversés, sans mériter des reproches! — Que Dieu vous récompense! vous nous avez empêchés de mourir de faim, moi, ma femme et cette innocente créature.—Qu'on se rappelle cette époque où la stupide férocité de nos tyrans poursuivait jusque dans

le tombeau la gloire ou la vertu qu'avaient dérobée
à leurs coups les générations passées. — Cette anec-
dote pouvait fournir quelques scènes heureuses ;
aussi les Auteurs dont nous parlons s'en sont-ils emparés d'une manière ingénieuse.—L'Auteur d'Andromaque répara les divers outrages que ses deux de-
vanciers avaient faits à l'illustre Roi du Pont.—Les
législateurs auraient, pour justifier la communauté
des sexes, les motifs qu'ont eus les législateurs passés
et présents pour proposer une faculté de divorce aussi
étendue. — Ce peintre doit être satisfait des justes
éloges que lui ont valu ses deux derniers portraits
que tout le monde a admirés avec d'autant plus de
plaisir, qu'on n'en avait pas vu de semblable depuis
long-temps! — Quoique ce jeune-homme ait étudié
quelques sciences qu'on lui a enseignées, il faut
encore qu'il acquière des notions étendues sur beaucoup d'autres qu'il n'a pas apprises.—Sous un ré-
gime plus libre, les Professeurs auraient été, dans
les sciences exactes et naturelles, au niveau de leur
siècle ; et, loin de repousser les lumières, ils les auraient accueillies avec enthousiasme; les Universités
de France, comme celles d'Angleterre, se seraient
montrées les émules de ces sociétés savantes qui
honorent le genre humain. — Après avoir offert à
Delille, pour premier motif de retour, l'amour si
naturel des lieux qui nous ont vus naître, l'Auteur
ajoute que l'Allemagne est peu propre à inspirer de
bons vers aux poètes français. — Muses, sortez de
cet engourdissement où vous a plongées le morne
silence de la saison des frimas. —Le laboureur se
dispose à savourer les mets que lui a préparés une
épouse tendre et soigneuse. —Ils se sont entretenus

avec plaisir du Ministre qui les a comblés de ses
bontés, qui leur a prodigué mille preuves de bienveillance, et des citôyens qui les ont embrassés,
après les avoir accueillis avec intérêt. —Tous les
obstacles que le despotisme et la vanité opposaient à
vos pères, vos pères les ont renversés au prix de leur
sang; et c'est pour vous aplanir la route, qu'ils se
sont élancés sans crainte au milieu d'un Empire bouleversé. — L'étude a coutume de nous affranchir des
erreurs où nous a plongés le manque d'une bonne
éducation. — Ces deux jeunes-gens se sont proposés
pour remplir la place que vos amis ont perdue par
leur négligence; mais ils ne se sont pas pour cela
proposé de suivre en tout point leur conduite. —La
liste des ouvrages de Wiéland est nombreuse; quelques-uns datent de mil sept cent cinquante-deux; ils
se sont succédé d'année en année, jusqu'à celle qui
court. Cet Ecrivain célèbre est arrivé tard au moment
de la sage retraite qu'a conseillée le bon Horace.—Il
s'est rencontré une faute assez grave dans la feuille
qu'on m'a donnée à lire; je ne l'ai pas corrigée, parce
que je n'avais pas reçu d'autorisation pour le faire.
— Que sont devenus ces tours superbes, ces pyramides, ces châteaux-forts qu'on avait élevés pour
défendre et orner notre territoire? — La Harpe
savait que le grand Rousseau et Voltaire s'étaient
vu préférer des concurrents dont les noms sont
aujourd'hui tombés dans un profond oubli. —Sous
un pinceau tel que le sien, les réflexions que lui aurait suggérées le tableau de la Chartreuse, auraient
produit une peinture charmante de l'homme mélan-
colique qui meurt de faim, au milieu des dons sans
nombre que la main de la Providence lui a prodigués.

—Songez-vous à la faible part que le génie de Sterne lui a valu dans les richesses de ce bas monde ? Il aurait pourtant fait un si bon usage de ses richesses, qu'il aurait consacrées à de bonnes œuvres! — Il n'est pas aussi facile qu'on pourrait le penser, de marcher dans des routes que la foule a rendues impraticables, de s'égarer dans un pays dont la carte est connue de tout le monde. — Je dois citer ce Ministre au tribunal de la justice et de l'humanité; on les a trop oubliées, quand il a fallu juger des hommes en place. Les lois que celui-ci a violées, les corps de l'Etat qu'il a opprimés, les parlements qu'il a avilis, la famille royale qu'il a persécutée, les peuples qu'il a écrasés, le sang innocent qu'il a versé, la nation entière qu'il a livrée enchaînée au pouvoir arbitraire, auraient dû s'élever contre ce coupable abus des éloges, et venger la vérité que le mensonge a trop long-temps outragée. — Nous terminerons nos séances, comme nous les avons commencées; nous suivrons des règles constantes que nous n'avons pas abandonnées; nous remplirons les obligations que nous ont prescrites les cahiers de nos commettants. — J'ai vu, dans différents départements que j'ai habités, toutes les personnes qu'on avait rayées de la liste des émigrés, s'attacher au sol qui les a vues naître, quelques dommages qu'elles eussent éprouvés.—Les portes que j'ai entendu fermer, roulaient sur des gonds mal assurés. — Les phrases sont plus ou moins douces, selon les mots qu'on a choisis, selon la place qu'on leur a donnée, et selon la manière dont on les a cousus ensemble. — Quand viendrez-vous, mon ami, dans la maison des champs que j'ai achetée, il y a quelques mois? Quelle époque

avez-vous fixée pour votre voyage? Puissé-je goûter
le plaisir de vous revoir chez moi l'automne prochain! Je désirerais que vous passassiez cette saison
dans ma petite métairie, que tout le monde a trouvée
si commode; vous y vivriez loin du fracas de la
ville tumultueuse que vous avez habitée trop long-
temps, et que vous avez toujours tant haïe. Comptez,
mon ami, que vous trouverez chez moi les plaisirs
innocents qui vous ont toujours plu, et qu'à bon
droit vous avez préférés sans cesse à ces plaisirs fac-
tices dont on jouit dans les grandes villes. — La tragédie que vous avez vu jouer, n'a pas répondu, dites-
vous, à l'opinion que vous aviez conçue du talent de
son Auteur; le style vous en a paru très faible; les
sentiments qui y sont répandus, vous ont paru mal
exprimés; la pièce, en un mot, vous a semblé d'un
intérêt nul. — Les femmes ont remarqué que ceux
qui les ont traitées avec peu de ménagement, les
ont toujours beaucoup aimées. — Je ne pouvais
choisir un moment plus favorable que celui où plusieurs d'entre vous vont recevoir le prix des efforts
que leur a coûté une étude importante que le plus
grand nombre a trop long-temps négligée. — Les
victimes furent partagées entre les Dieux, les prêtres
et ceux qui les avaient présentées. — Ces habitants
rappellent, par la diversité de leurs costumes, les
révolutions qu'a subies cet Empire célèbre dans les
fastes du monde. — Florian savait très bien l'espagnol; il lui était doux de parler une langue que sa
mère avait parlée. — O Dieu, comment l'homme
peut-il exiger de toi une récompense, quand il l'a
reçue de sa conscience? — Les écrits fameux qu'a
vus naître le siècle de Louis quatorze seront connus et

admirés de nos derniers neveux. — Deux oiseaux qui s'étaient construit un nid commode près de ma maison, ont disparu tout-à-coup, ont abandonné le lieu qui les avait protégés, quelle qu'eût été ma satisfaction de les conserver toujours. — Le tort du Gouvernement français, à vos yeux, est de rétablir les autels que vous avez crus renversés pour toujours. — Vous êtes importunés de l'éclat de la France, vous êtes affligés de la force que lui ont acquise ses armes victorieuses. — Ceux qui décrient la paix, se plaisaient sans doute à la vue des grandes tempêtes qu'on aurait excitées; mais il les ont contemplées du port. Ne pourraient-ils quelquefois songer à la multitude de malheureux qu'ils ont vus se débattre dans les horreurs du naufrage ? — Les Professeurs des écoles centrales ne se sont laissés rebuter ni par l'indifférence qu'on leur a toujours témoignée, ni par le défaut de paiement dont ils ont eu à se plaindre. — Cette musique est vraiment belle, et je suis certain que tous ceux qui l'ont critiquée d'abord, lui rendront bientôt la justice que lui ont rendue les hommes même d'un goût sévère. — Je vous envoie quelques papiers que vous ne croirez pas inutile, je pense, d'examiner avec soin; je les ai trouvés dans une armoire, que mon oncle tenait toujours fermée. — Elles ont bien mérité de la Patrie, ces armées glorieuses qui l'ont défendue au péril de leur vie; mais les Généraux qui les ont conduites tant de fois à la victoire, ont certainement les mêmes droits à la reconnaissance nationale, quelles que soient les opinions de chacun. — Une jeune personne s'est précipitée avant-hier d'un bateau de blanchisseuse dans la rivière. Les prompts secours qu'on lui a portés, l'ont empêchée de se noyer. — Les hommes malheureux ont des amis que leur a préparés la Providence; ils en reçoivent des secours et des conseils. — Ce magistrat a donné sa démission, comme nous l'avons annoncé; il n'a pas voulu garder plus long-temps la place que lui avait confiée le Gouvernement. — Mes amis, je vous ai toujours recommandé la diligence et la sagesse, sans lesquelles vous ne pouvez pas faire de progrès dans les sciences qu'on a commencé à vous enseigner. — Nous ne quitterons jamais les sociétés littéraires que nous avons eu coutume de fréquenter jusqu'à présent; les discussions scientifiques qui s'y sont élevées depuis le jour de leur organisation, n'ont pas peu contribué à notre avancement dans la carrière des lettres. — Les peines que nous avons vu ce célèbre grammairien se donner pour conduire la langue française à sa perfection, nous prouvent combien l'étude en est précieuse. — La question que j'ai entendu faire, si le français est une langue ou un jargon, me paraît un crime de lèse-majesté nationale.

C'est à la paix, c'est au repos tant désiré, que nous devons les progrès que nous avons déjà faits pour notre régénération sociale. — Les œuvres que j'ai possédées quelque temps chez moi, sont d'un Sage de l'Antiquité qui connaissait bien le cœur humain; je les ai lues avec beaucoup de réflexion pour me confirmer dans l'opinion avantageuse que j'ai toujours eue de ce philosophe. — Le travail et l'étude pourront seuls vous procurer, mon ami, les connaissances dont vous avez besoin. — Les conseils que je vous ai donnés, en vous invitant à étudier les diverses parties d'instruction, auxquelles vous êtes étranger, ne peuvent qu'être approuvés de tout le monde; vous ne vous repentirez donc pas de les avoir suivis. — Quelles sont ordinairement les matières des conversations des jeunes-gens? Ils n'en ont point. Si quelquefois ils se sont entretenus ensemble, ils n'ont parlé que de choses frivoles; et les conversations qu'ils ont eues par hasard, ont roulé sur des objets fort peu intéressants. — J'ai reçu une lettre de votre oncle pour lequel j'ai une vraie considération; il paraît que je puis compter sur les dispositions très favorables que m'a toujours témoignées ce galant homme. Je n'oublierai jamais les marques d'estime qu'il m'a données dans tous les temps. — Les réflexions que vous avez lues dans cet excellent ouvrage, étaient de nature à être goûtées : aussi ont-elles paru faire plaisir; c'est la philanthropie la plus aimable qui les a dictées à la personne qui nous les avait fournies, avant qu'elles vissent le jour. — Ce jeune-homme ne saurait relire trop souvent les principes et les règles qu'on lui a donnés sur la syntaxe; ils peuvent seuls l'instruire dans le grand art de parler. — Comment se fait-il qu'il y ait si peu de jeunes-gens qui aiment à lire? C'est dans les livres seuls, quand on les a bien choisis, qu'on peut puiser ces tours heureux, ces expressions admirables et ces idées neuves, que j'ai rencontrés si souvent dans les Ecrivains de l'Antiquité. — La conduite que votre fils a tenue jusqu'ici, ne saurait dissiper les soupçons humiliants qu'il a fait naître en nous, et que j'ai souvent eus moi-même sur son compte. — Je sens tout le prix de mes droits, je n'ai pu y renoncer; pourquoi donc les avez-vous indignement méconnus, en m'accablant de maux? Si je les ai soufferts, c'est que je n'ai pu faire usage de ces mêmes droits que la Nature m'a donnés. — Je dois, mon ami, te remercier de la complaisance que tu as eue de me faire parvenir les ouvrages qu'on t'a prêtés; je te les renverrai, dès que je les aurai lus. — Tôt ou tard les rayons perçants de la vérité vengeront la vérité que les hommes auront négligé de suivre. — La feuille qu'on nous avait annoncée devoir paraître, a trompé notre attente; l'opinion que nous avions conçue par avance de ceux qui devaient la rédiger, était au-dessus de leurs talents. — Il s'en faut beaucoup que les Rois qui sont morts, aient été tels que la flatterie les avait dépeints, pendant qu'ils vivaient. — Les gens de bonne foi sont forcés à convenir qu'une erreur, bien que les hommes l'aient respectée de tout temps, n'en est pas moins une erreur. — S'il a obtenu la couronne qu'on lui a remise, il ne l'a obtenue qu'après l'avoir disputée par son talent, et il ne l'a pas ravie. — Nous vous avons tracé la règle qui doit nous juger, nous vous avons dit nos devoirs; ce sera vous qui nous direz si nous les avons remplis. — Si vous versez des larmes de sang sur le sein d'une épouse qui s'est laissée violer par des monstres, pour vous sauver la vie, accusez en les athées, qui ont bouleversé la terre et le ciel, pour régner un moment sur des cadavres. — Les traits de courage qu'on nous a racontés, méritaient de trouver une place honorable dans les fastes de notre Gouvernement, qui s'est soutenu avec tant d'éclat pendant une longue suite d'années. — Les notes savantes que cet Auteur a consultées, depuis qu'on les a rendues publiques, ont donné un grand relief à l'histoire qu'il a publiée ; je suis certain que ces mêmes notes, quand vous les aurez lues, obtiendront votre suffrage. — Les lauriers qu'on a cueillis sans péril, ne méritent le plus souvent, que du mépris. — Les orateurs que j'ai entendus discourir sur cette matière fort délicate, ne m'ont pas paru l'avoir assez long-temps méditée. — Tous tant que nous sommes, faibles mortels, nous devons remercier Dieu, seul dispensateur des biens et des maux, de toutes les bonnes qualités que nous avons reçues de lui. — Je ne pense pas que vous ayez lu les différents ouvrages qu'a composés le philosophe de Genève ; je les ai prêtés à un de mes amis, et je me propose de vous les envoyer, quand ils me seront revenus. — Un généreux soldat ne craint pas la mort, quand il l'a bravée mille fois au milieu des périls les plus grands. — Ta sœur m'a dit qu'on lui a parlé des couplets charmants que l'on a composés pour la fête qui a eu lieu ce matin ; je désirerais que tu me les montrasses. Je les ai entendu lire ; mais, quand je te les aurai entendu chanter toi-même, je pourrai mieux juger de leur mérite. — On vous remettra infailliblement vos deux lettres, car je les ai recommandés à la servante qui est venue les chercher à la maison. — Je déteste les éloges que vous m'avez prodigués ; je ne crois pas, mon ami, les avoir mérités par la conduite que j'ai tenue. — Il n'est pas moins glorieux que flatteur d'employer au soulagement de l'humanité souffrante, les richesses qu'on a amassées à la sueur de son front. — Nous ne pourons qu'admirer les vertus sublimes que ce grand homme a déployées dans toutes les

circonstances de sa vie. — Braves Anglais, j'espère
que nous ne ferons désormais qu'un peuple de frères; les Français vous ont sans cesse recommandé
et vous recommandent encore de conserver d'eux
l'opinion avantageuse que vous paraissez en avoir
eue jusqu'à présent. — J'ai reconnu ces étrangers
que j'ai vus passer; ils m'ont paru diriger leurs pas
vers ces beaux lieux que Turenne et Villars ont
honorés de leur présence, et qui sont devenus un
domaine de la Couronne. — Ces lieux magnifiques,
que j'ai souvent admirés avec vous, attireront toujours un grand nombre de curieux qui, en se rappelant les diverses contrées qu'ils ont vues et parcourues, penseront néanmoins que, quelque beaux
que leur aient paru les pays de la France les plus
célèbres, rien n'est comparable aux environs de
cette ville qu'ont habitée les différents princes que
nous avons eus pour Souverains. — Vos sœurs que
je n'avais pas vues depuis trois mois, m'ont paru
écrire et parler plus purement ; elles sont redeva-
bles de cet avantage au très bon maître qui leur a
enseigné la Grammaire qu'elles avaient négligé d'apprendre. — Il serait important que toutes les terres
que nous avons rencontrées sur notre route, fussent cultivées; la fertilité des campagnes est la vraie
richesse d'un État. — Je doute que les motifs et les
raisons que vous avez allégués à votre père pour justifier votre absence, lui aient paru plausibles. — Il
s'en faut beaucoup que je sois aussi heureux que lui,
bien qu'il le croie; mes beaux jours sont passés; le
bonheur et la joie qui les ont accompagnés, ne re-
viendront plus. — Le Panégyriste de Raynal dit
que les grands hommes par qui l'histoire avait été

traitée jusqu'alors, avaient borné leurs vues à tel ou tel peuple; mais que Raynal s'est élevé au-dessus de l'atmosphère. Il a vu, ajoute-t-il, la terre sous ses pieds, et semble l'avoir trouvée trop petite pour l'étendue de son génie. — Quand on songe aux Autorités sans nombre que cet Ecrivain a consultées, à la masse énorme des matériaux épars qu'il a rassemblés, à la multitude des connaissances qu'il a réunies, et des faits dont sa mémoire était surchargée; quand on songe à la difficulté qu'il a éprouvée ensuite pour faire de ces matériaux un édifice régulier et symétrique, l'esprit demeure en suspens, et ne sait lequel est le plus admirable, ou son génie ou son courage. — Que de maux et de guerres la Superstition n'a-t-elle pas enfantés! Que d'atrocités n'a-t-elle pas produites! Tous les Philosophes ont travaillé à détruire ce monstre sanguinaire; on trouve dans leurs écrits ces vérités éternelles que Raynal a tracées dans son ouvrage en caractères ineffaçables, et qui survivront au torrent des siècles fugitifs. — Que nous avons vu d'hommes méchants et audacieux dans la ville extrêmement tumultueuse que nous avons habitée pendant trois ans et demi! — Je présume que votre père, à qui j'ai rendu tous les services qu'il a réclamés de moi, me prêtera, pour un jour seulement, le cheval et la voiture que je lui ai demandés. — Vous voyez, Messieurs, que tout le monde ici concourt à la bonne œuvre que vous vous êtes proposé de faire; elle remplira l'attente des malheureux qui nous ont demandé les moyens de travailler. — Les Grecs, étant sortis de la ville de Troie qu'ils avaient livrée aux flammes, firent annoncer par un héraut d'armes (ce qui fait l'éloge de la nation grèque) que chaque citoyen libre pouvait emporter avec soi, sur ses épaules , ce qui lui paraissait le plus essentiel et le plus précieux. — Il n'y a pas de gens dans le monde, que j'aie plus méprisés, que les petits beaux-esprits, qui, presque tous, ont plus de prétention que de jugement. — Turenne disait que, si l'homme le plus parfait donnait tous les soirs la liste des pensées et des volontés qu'il a eues dans le cours de la journée, on le jugerait digne des petites-maisons. — Un enfant, dans l'ombre et dans le silence de la nuit, redoute les fantômes qu'il s'est créés; il est souvent difficile de bannir la frayeur qu'il a eue. — J'ignore quels moyens votre frère a employés pour parvenir à son but; mais je crains fort que ces moyens ne soient pas tout-à-fait licites. — En rappelant au peuple Français les vertus qu'il a perdues, et en le félicitant de celles qu'il a conservées, vous auriez donné tous les genres de leçons et d'exemples à la fois. — On dit que M. Pitt a refusé la statue que lui avaient décernée les négociants de Londres. — Protégées par les Papes qui donnaient l'exemple aux Rois , les sciences s'envolèrent de ces lieux sacrés où la Religion les avait réchauffées sous ses ailes. — Newton n'eut plus qu'à mettre en œuvre les matériaux que tant de mains lui avaient préparés; mais il le fit en artiste sublime. — Nous l'avons visitée au milieu de la nuit, la petite vallée solitaire habitée par la famille des castors. — Tous ces instincts que le maître du monde a répartis dans la Nature, disparaissent pour le Philosophe qui refuse de croire en Dieu. — Pour peu que l'absence ait duré, que re-

trouvons-nous aux lieux qui nous ont vus naître?
Combien existe-t-il d'hommes de ceux que nous
y avions laissés pleins de vie? — Il y a telle de mes
périodes, que j'ai tournée et retournée cinq ou six
nuits dans ma tête, avant qu'elle fût en état d'être
mise sur le papier. — Ma mère était riche, elle avait
de la sagesse et de la beauté; ce n'avait pas été sans
peine, que mon père l'avait obtenue. — L'Élocu-
tion consiste à orner les raisons que l'on a inventées
et disposées dans un ordre naturel, et à leur donner un tour et des grâces qui gagnent l'esprit et le
cœur. — Ne serions-nous pas en contradiction avec
nous-mêmes, si, après avoir conquis ces beaux monuments qui sont arrivés d'Italie; si, après les avoir
transportés au sein de la France, nous nous bor-
nions à les admirer un moment, et si nous n'étions
pas enflammés du désir de les effacer? — L'homme
a recours à la poésie et à la musique pour raconter
à ses fils attentifs les jouissances qu'il a éprouvées,
les travaux qu'il a terminés, les courses qu'il a faites, les succès qu'il a obtenus, les inventions dont
il s'est enrichi, et les grands événements physiques
dont il a été le témoin. — Leur chasse plus heureuse
leur fournit un aliment plus substantiel et plus
agréable que des végétaux que la culture n'a pas
encore améliorés. — Quelle puissance que celle de
l'espèce humaine développant par sa propre force
toutes les facultés qu'elle a reçues de la Nature!
Quelles victoires que les siennes! Elle a tout asservi.
— Suivons ces généreux guerriers; marchons,
comme eux, au bonheur et à la gloire par la route
que leur sang nous a tracée. — Ce héros tendit sa
main pour me bénir, et, d'un air recueilli, il pro-

nonça à demi-voix des mots que j'ai à peine entendus, et que j'ai compris encore moins. — Un Juif
très opulent de la ville de Bordeaux, chef d'une
maison de commerce, qu'il avait agrandie par son
industrieuse activité, était à son lit de mort, environné de ses amis et de quelques-uns de ses enfants.
Ne pouvant se dissimuler que sa fin approchait, il
fit assembler tous ses fils, et leur distribua les nombreuses richesses qu'il avait amassées à la sueur de
son front. — Quand il eut rempli ce premier besoin de son cœur, quand sa sollicitude paternelle
eut été satisfaite à cet égard, il dit à l'aîné de ses
fils, dans lequel il avait placé toute sa confiance :
Apporte moi, mon ami, une petite cassette que tu
trouveras dans mon cabinet ; je l'y avais renfermée
avec soin jusqu'à ce jour ; mais il est temps enfin
que je l'expose à vos yeux, et que je vous manifeste
à tous quelles sont mes intentions. — La cassette
que ce bon père avait demandée, n'eut pas été plutôt apportée devant lui, qu'il dit à ses enfants as-
semblés : Sachez un secret dont je veux enfin vous
faire part. Cette cassette que vous voyez, renferme
environ cent mille écus de billets de diverses
sommes. En m'approchant du tombeau où je vais
descendre, je ne veux d'autre richesse que celle-ci,
c'est la seule que je me réserve, c'est la seule qui
me soit bien chère, puisque ici sont déposées les preuves des services que j'ai rendus à des infortunés. —
Vous ne doutez pas assurément que ces richesses ne
m'appartiennent, et que je ne puisse en disposer à
mon gré. Les billets que renferme cette cassette, ont
été souscrits à mon profit par les divers malheureux
que j'ai obligés dans le cours de ma vie. — Comme

je ne veux pas que ma mort soit un signal d'inquiétude pour ces infortunés à qui j'ai prêté des secours, lorsqu'ils les ont réclamés de moi ; comme je ne veux pas qu'ils aient à craindre d'être tourmentés, quand je ne serai plus, pour des remboursements que je n'aurais jamais exigés d'eux, tant que j'aurais vécu, souffrez, mes chers enfants, que je fasse en leur faveur une bonne action, la dernière de ma vie. — Une bonne action d'un père, vous le savez, mes enfants, est un fort bon héritage, et je n'ai plus qu'un vœu à former avant de mourir : c'est qu'à l'heure de votre décès vous puissiez en faire autant. — A ces mots prononcés avec toute la chaleur de l'âme, le bon vieillard ouvrit la cassette qu'on lui avait apportée, en tira tous les billets, et, après les avoir examinés un moment, il les jeta au feu, en présence de ses enfants, qui, on doit le dire à leur gloire, le comblèrent de bénédictions pour cet acte de générosité bien rare dans le siècle où nous vivons.

Les efforts de l'athéisme furent long-temps impuissants ; ils l'auraient été toujours, si l'autorité publique ne s'était laissée séduire par les dehors trompeurs de la philosophie. — Les discours que j'ai entendu prononcer sur les avantages de l'adversité, m'ont paru bien propres à faire désirer à l'homme des revers et des calamités, sans lesquels son courage et sa vertu ne peuvent être mis à l'épreuve. — Nos voyageurs, ayant vécu long-temps parmi ces insulaires, non-seulement se sont concilié leur affection, mais encore sont parvenus à obtenir d'eux tout ce qu'ils désiraient. — Cette femme n'est pas aussi acariâtre que vous l'avez cru ; elle a de la douceur dans le caractère, ce qui me persuade que vous l'avez mal jugée. — La partie historique des ouvrages que j'ai reçus de vos mains, se trouve entièrement dépouillée de tous les détails techniques qu'on y avait renfermés. — Il faut que vous ayez l'ouie bien fine, pour avoir entendu la saillie que j'ai racontée tout bas à votre frère. — Aristote est un homme étonnant par la variété de ses connaissances, et par le nombre des sujets qu'il a traités. — Quoique les sophistes grecs, par la subtilité de leur esprit, aient abusé de la logique d'Aristote, on ne peut néanmoins lui refuser le tribut d'éloges que mérite l'idée qu'il paraît avoir eue le premier, de classer et de discuter les diverses formes de raisonnements. — Les progrès qu'a faits, de nos jours, la science du Gouvernement, ont jeté une nouvelle lumière sur son Traité de politique; et, pour fixer d'une manière irrévocable la place que doit tenir chacun de ses écrits, il ne nous manque que de voir les Savants, qui les ont plutôt surchargés qu'éclaircis, remplacés par des traducteurs versés dans les sciences qu'il a traitées, et qui, par leurs connaissances, puissent développer les matières que le temps a rendues obscures pour tous ceux qui n'avaient que la science des mots. — Nous ferons connaître succinctement les premières sources de ces brillantes allégories sur lesquelles les poètes anciens et modernes ont bâti leurs fictions, et les explications ingénieuses qu'on en a données, fondées, pour la plûpart, sur les usages des plus anciens peuples, et sur le souvenir des catastrophes qui ont bouleversé la surface de notre globe. — Les hommes probes ignorent les routes de l'ambition et de l'intrigue, que les mauvais citoyens ont toujours suivies, pour usurper les honneurs et les places qui ne sont dus qu'au mérite. — Renfermés dans leur modestie, les gens honnêtes se dérobent aux regards de tous ; sûre de faire en eux de très bons choix, la puissance souveraine doit tâcher de les découvrir, en quelque lieu qu'ils se réfugient. — Le Gouvernement lui a témoigné sa satisfaction des peines qu'il s'est données pour l'amélioration des établissements de pauvres. — Vous avez là un joli éventail ; combien vous a-t-il coûté ? Je ne l'ai pas acheté, je le tiens de ma sœur que j'ai perdue cette année, une maladie épidémique l'ayant enlevée à la fleur de son âge.—Pour dominer les arts, il avait fallu jusqu'ici les corrompre ; l'humiliante protection des Cours les avait ravalés au point de ne les faire considérer, que comme des instruments de la superstition, ou de simples objets d'amusements. — Les arts que le despotisme avait humiliés, n'obtenaient qu'à force d'affronts la tolérance de leur gloire, et le pardon de leurs succès. — L'Asie, qu'on avait accoutumée au joug, a vu enfin briser ses fers, et elle a chanté les héros qui les ont brisés. —Cette femme a nui à beaucoup de gens ; mais, le malheur l'ayant enfin domptée, elle s'est attachée à réparer tous les maux qu'elle avait faits. — Lucrèce, dont vous faites mention, ne s'est pas laissé tuer ; elle s'est poignardée elle-même, après l'outrage qu'elle a reçu. — Quels soldats la France n'a-t-elle pas trouvés, lorsqu'il s'est agi de combattre ! Et quelle valeur n'ont-ils pas déployée ! — Les juges ont renvoyé cette femme, après l'avoir reconnue innocente ; cependant elle n'a pas voulu nommer ceux qu'elle avait dits avoir participé au crime dont elle était accusée. — C'est des débris de l'Empire Romain, que se sont formés la plûpart des Etats de l'Europe. — Que de jeunes-gens se sont repentis de n'avoir pas écouté les bons conseils que nous leur donnions ! — Combien de pays n'ai-je pas parcourus ! Que de régions n'ai-je pas observées dans mes voyages ! — Votre sœur s'était mis dans la tête de ne pas étudier la géographie qu'on voulait lui enseigner; je crois qu'elle se sera repentie de ne s'y être pas appliquée. — Les moyens que vous nous avez fait prendre, ne valent rien ; personne ne les a approuvés. — Les dames que j'ai vues passer sous mes fenêtres, allaient sans doute à la promenade où se sont rassemblées, dit-on, les plus jolies femmes de la ville. — Ce courtisan fort adroit a obtenu du prince toutes les grâces qu'il a demandées, et toutes celles qu'il a voulues. — Les lois que s'était imposées cette nation guerrière, étaient pleines de justice et de sagesse. — Cette ville s'est rendue célèbre par les différents assauts qu'elle a eus à soutenir. — J'aurais bien voulu éviter les détails dans lesquels je suis entré; mais je les ai crus nécessaires pour répondre aux diverses objections que vous m'avez soumises. — L'opinion de Ménage me paraît conforme à la règle générale, qui, dans les ténèbres où l'usage nous a laissés, peut seule nous servir de flambeau. — Cette ville qui n'était rien autrefois, le commerce l'a rendue, en moins de trois ans, assez puissante, pour lui donner les moyens de faire tête à ses voisins. — Les ennemis nous ont rendus, au bout de vingt quatre heures, maîtres d'une place que l'on avait crue imprenable. — J'ai deux enfants charmants; je les ai fait peindre ensemble, tenant, chacun, un oiseau sur son doigt. — L'idéologie est une science que nous avons aimé, mon frère et moi, à cultiver. — Ce fameux capitaine a gagné plus de batailles que bien des gens de lettres n'en ont lu. — Tout le monde se souvient encore de la disette qu'il y a eu pendant six semaines de la présente année.— Ce procès dure trop long-temps ; ils se sont déterminés à le finir incessamment, à quelque prix que ce fût. — Telles sont, Madame, les réflexions critiques que j'ai cru utile de vous soumettre, avant l'impression de l'ouvrage que vous avez terminé. — Quelques-uns de nos modernes se sont imaginé qu'ils surpassent les Anciens ; or, qu'elle est grande leur vanité en ce point ! — C'est un honneur auquel la femme savante dont il est question, a toujours aspiré, et qu'elle s'est vantée d'obtenir. — Parmi les héros qu'a produits l'antique Rome, il en est beaucoup qui se sont dévoués pour la Patrie. — Ainsi se sont perdues les femmes qui n'ont pas craint d'outrager la décence et la morale publiques. — Les pénitences que se sont imposées les Solitaires de la Thébaïde, étaient extrêmement rigoureuses.—Cette jeune personne s'est laissée séduire par les promesses qu'on lui a faites, et qu'on n'a pas tenues. — Nous sommes bien reconnaissants des peines que vous vous êtes données pour nous procurer les nouveaux ouvrages que nous vous avons paru désirer de lire. — Terminez au plutôt les affaires que vous avez prévu hier que vous aurez. — Les Tribus demandèrent à Clodius l'exécution de la parole qu'avait donnée le Consul Valérius. — Je dois blâmer le peu d'attention que vous avez apporté en composant ce devoir qui n'était pas fort difficile. — Cette jeune

fille, en tombant, s'est crevé les yeux; on l'a re-
portéé chez elle pour lui administrer les secours
qu'exige sa position. — Croyez-vous, mes amis, que
les richesses vous auraient rendus heureux ? — Les
sciences que mes fils se sont plu à cultiver, sont pré-
férables aux richesses. — Les mauvaises nouvelles
se sont toujours répandues plus promptement que
les bonnes. — Il ne faut jamais passer d'une chose
à la suivante, sans avoir bien compris celle qui précède, et sans se l'être rendue familière. — Cette
bonne mère s'est proposé d'enseigner à ses enfants
l'histoire et la géographie qu'ils n'ont jamais bien
sues. — Que de gens se sont repentis de ne s'être
pas appliqués pendant leur jeunesse ! — Je suis bien
aise, mes amis, que vous ayez profité des instructions qu'on vous a données; la science vous a faits
des jeunes-gens estimables. — Les grandes pluies
qu'il a fait cette année, ont dû pourrir les grains
qu'on a semés. — Cette mère indigente que nous
avons plainte, n'était pas digne de la commisération
que ses enfants nous ont inspirée. — Avec des soins,
on aurait pu sauver cette jeune personne; mais on
l'a laissée mourir, sans lui donner les secours dont
elle avait besoin. — Shakspeare et Molière se sont
vus forcés à monter sur des tréteaux pour gagner
leur vie; semblables à deux philosophes anciens,
ils s'étaient partagé l'empire des ris et des larmes.
— Cet enfant veut fortement les choses qu'il a une
fois voulues. — Saurez-vous bien faire l'application
des règles qu'on vous a données à apprendre, et que
vous avez entendu réciter ? — Pourquoi vous êtes-
vous écartés, mes enfants, des bons principes que
vous aviez commencé à suivre? — Combien de jours

n'avons-nous pas employés à faire ensemble des
lectures réfléchies, sans compter les nuits que nous
avons travaillé, l'un avec l'autre! — Ces femmes se
sont faites à nos usages domestiques; il ne leur a
même pas paru pénible de s'y accoutumer. — Vos
jeunes frères se sont proposés pour modèles de sagesse; mais je pense qu'on trouverait trop à blâmer
en eux, pour qu'on dût les prendre pour guides. —
Ces marchands se sont fait une mauvaise réputation; on les a toujours vus sacrifier la probité à l'a-
mour de l'argent.—Que de pleurs n'ai-je pas versés,
en me voyant contraint à abandonner ceux qui
m'ont donné le jour! — Les malheureux! ils ont su
qu'on voulait attenter à notre vie, et ils nous ont
laissé assassiner! — Les papiers que j'ai envoyé
chercher, vous feront connaître le fil de cette intrigue. — Le peu de femmes que j'ai vues dans ce
pays, étaient d'une amabilité charmante. —Delille
a fait plus de vers que vous n'en avez lu de votre
vie. — Ma mère que vous avez laissée partir, ne reviendra pas dans cette demeure qu'elle a quittée.—
Ces ouvriers n'ont pas de pain, la rigueur de la saison les ayant empêchés de travailler pendant l'hiver. — Les honneurs que votre habit vous a valu,
sont loin de l'emporter sur ceux que nous a mérités
la haute considération dont nous jouissons. — Que
de fautes nous avons comptées dans ce roman qui a
été traduit par un Écrivain très connu! — Les dé-
portements de ce jeune-homme sont le résultat du
peu de soumission qu'il a toujours manifesté envers
ses parents. — Ce médecin était très bienfaisant; il
a consacré au soulagement de l'humanité le peu de
jours qu'il a vécu sur la terre. — La Fontaine est

sans contredit un des hommes les plus célèbres que
le département de l'Aisne ait produits, un des meilleurs poètes que la France ait vus naître. — On a
envoyé dans les colonies les troupes qu'il a fallu,
pour y rétablir la paix et la tranquillité.—Si je n'ai
pas obtenu la place que j'ai demandée, et prié qu'on
m'accordât, je dois l'attribuer au peu de démarches que j'ai faites. — Le peu d'ouvrages que cet
Écrivain a composés, obtiendront les suffrages de
nos descendants. — Mes amis, les habitudes qu'on
vous a laissés prendre, tourneront un jour à votre
honte. — Les successeurs d'Alexandre se sont partagé les dépouilles que ce prince ambitieux a remportées sur le grand nombre de peuples qu'il a
vaincus. — Votre sœur est encore à la ville; nous
l'avons empêchée de partir pour la campagne où
elle s'était proposé de passer les fêtes prochaines. —
La pièce que votre ami a composée, n'a obtenu
aucun succès; pourquoi donc l'avez-vous laissée
tomber? — Je vous garantis que j'ai dessiné plus de
paysages que vous n'en avez jamais vu. — Que de
courage et de patience cette femme n'a-t-elle pas
montrés dans mainte occasion! Les froids qu'il a
fait, cette année, l'ont mise dans une situation qu'il
serait difficile de décrire, mais que j'ai peinte à sa
famille qui paraît l'avoir abandonnée. — Je regrette les sommes considérables que ce procès m'a
déjà coûté; je désire de le terminer avant peu. —
Pourquoi verserai-je de nouveaux pleurs? Je n'en ai
déjà que trop répandu. — La difficulté que je me
suis proposée, n'était pas facile à résoudre; cependant je l'ai vaincue à force de recherches. — Ce
sont là des beautés nouvelles que la plûpart des An-

ciens n'ont pas connues, mais que les Sophocle et les Euripide n'auraient pas négligé d'introduire dans leurs ouvrages. — Les mécomptes qu'il y a eu entre nous, proviennent du peu d'attention que nous avons apporté à écrire les dépenses domestiques. — Ces enfants se sont laissé déshabiller; on leur a pris tout ce qu'ils possédaient. — Votre maison n'est pas aussi commode que je l'avais cru; je n'y vois aucune armoire où l'on puisse placer des livres ou des habits. — Vos fils sont à plaindre; on les a laissés contracter des engagements qui les ont détournés sans cesse des devoirs qu'ils ont eus à remplir. — Je te rends les onze volumes que j'ai empêché de prendre chez toi. — Il est important que chacun sache de quelle nécessité il est d'ajouter de nouveaux impôts à ceux qu'on nous a vus payer jusqu'à ce jour. — Les champs que vous avez vu cultiver, doivent nous produire une récolte abondante; ils sont très bien situés, et les nouveaux engrais que j'y ai fait apporter, ne peuvent que rendre la terre bien meilleure. — La pluie que nous avons entendue tomber, fertilisera les jardins et les prairies que j'ai achetés depuis peu. — Les habitants de Chios leur envoyèrent des troupes en reconnaissance de celles qu'ils en avaient reçues dans la guerre qu'ils avaient eue à soutenir contre les Erythréens. — J'ai entrevu dans les projets que tu m'as communiqués, un grand nombre de difficultés qu'on ne pourra pas surmonter sans peine; cependant je crois les avoir vaincues en partie. — Je m'abusais peut-être; mais cette erreur, si c'en est une, m'a procuré trop de jouissances délicieuses, pour que je me repente jamais de l'avoir embrassée. — Ces lois étaient

bonnes sans doute; or je vous le demande, pourquoi
les a-t-on laissées tomber dans un éternel oubli? —
Parmi les arts que le génie et la persévérance dans
le travail ont créés, il en est trois sur-tout qui méritent votre attention, savoir : la peinture, la sculp-
ture et l'architecture. — Soyez glorieux, jeunes
Elèves, des progrès que vous avez faits dans la musique, et des palmes qu'ils vous ont méritées. J'aime
à le croire, ces vérités vous sont connues; l'exemple
des professeurs à qui votre éducation est confiée,
leurs entretiens que vous aurez goûtés, vous les
auront déjà rendues familières. — Je doute que les
marchés que j'ai vu passer, puissent tenir dans les
circonstances difficiles où nous nous trouvons, et
dans lesquelles tant de personnes manquent, malgré elles, à leurs engagements, sans avoir intention
de léser les intérêts d'autrui. — Alexandrie est au
milieu du désert. La ville des Turcs est bâtie aux
dépens des villes des Arabes, où l'on n'a conservé
intactes, que les citernes qu'on n'a pas pratiquées sous
la nouvelle ville.—Nous ferons l'histoire des préjugés,
nous montrerons comment ils se sont succédé, et se
sont détruits les uns par les autres.— Les fleurs que
j'ai vu cultiver avec succès chez votre père, sont les
œillets et les tulipes, que j'ai moi-même beaucoup
aimés.—Nous allons parcourir une carrière féconde
en vérités utiles, et dans quel lieu la parcourrons-
nous? au milieu des collections les plus riches et les
plus nombreuses que l'amour des connaissances humaines, et la protection du Gouvernement aient
jamais réunies. — A quel supplice condamnera-t-
on les brigands que vous avez vu amener? Je les
crois bien coupables; les maximes qu'ils ont tou-

jours professées, ne laissent aucun doute sur la bassesse de leurs sentiments. — Les superbes hôtels que nous avons vu bâtir, ont dû coûter des sommes exorbitantes; on les aurait mieux employées à soulager les malheureux. — Madame nous a paru fort contente des ariettes qu'elle a entendu chanter; elle les a trouvées, je crois, pleines de goût et d'harmonie. — J'avais de fort beaux oiseaux qu'on m'avait donnés; mais les ayant laissés périr, j'ai fait serment de n'en plus avoir. — Caton disait qu'un homme était digne de louanges immortelles, quand il laissait en mourant plus de biens qu'il n'en avait hérité. — L'occasion de faire cette conquête était bien belle: aussi fut-il blâmé par le peuple de l'avoir laissée échapper. — On peut dire de Voltaire et de Rousseau, que ces deux Ecrivains ont fait plus d'ouvrages que beaucoup de prétendus littérateurs n'en ont lu. — Tâchons d'imiter les vertus que nous avons entendu louer. — Cette femme s'étant présentée à la porte, nous l'avons aussitôt laissée passer. — Elle va se réfugier dans une petite chaumière qu'elle découvre à vingt pas de là; revenue de la frayeur qui l'a fait s'y retirer, elle donne à Alphonse une lettre de son père qui le rappelle. — Ces couplets ont paru très agréables aux personnes qui les ont entendu chanter; pour moi, je les ai trouvés fort ingénieux. — Dispensez vous, mon ami, de nous redire cette histoire que vous nous avez déjà racontée; nous nous la rappelons fort bien. — Il s'en faut beaucoup que j'aie été content des acteurs que votre mère m'avait tant vantés, dont elle m'avait tant préconisé les talents dramatiques, et que j'ai vus jouer aujourd'hui; ils m'ont fait per-

dre plusieurs heures, que j'aurais mieux employées.
— Les règles de la grammaire, que j'ai entendu expliquer et développer, m'ont paru fort bien ana-
lysées. — Votre sœur que j'ai entendue répondre
sur les principes de la langue française, qu'elle n'a
étudiés que pendant six mois, et qu'elle me paraît
avoir bien saisis, montre un excellent goût et un
tact sûr.—Je ne doute pas qu'elle ne soit bientôt en
état d'enseigner cette langue, dont elle a commencé
de bonne heure à faire son étude particulière. —
Depuis que les femmes se sont répandues dans le
monde aussi librement que les hommes, ceux-ci se
sont imposé dans leurs discours une réserve qu'ils
n'avaient pas encore eue entre eux.

De tous les plaidoyers que Périclès a composés,
il ne nous reste que des fragments. Ce fut lui qui, le
premier, introduisit la coutume de prononcer en
public l'éloge des hommes courageux que la République avait vus périr à son service. — Les orateurs
Romains que nous avons commencé à lire, nous
ont paru pleins d'intérêt. Mon ami, si vous ne les
avez pas encore lus, je vous conseille de les connaître, afin de puiser chez eux les règles de l'éloquence, qu'on ne vous a pas enseignées. — Une nation que la philosophie et l'humanité ont affranchie
de vains préjugés, et soustraite à l'empire du
hasard, n'offre-t-elle pas un spectacle bien imposant
et bien majestueux? — J'errais dans des vallées
riantes où s'élevaient des pins et des chênes si antiques, que j'étais tenté de les interroger sur les
générations rapides qu'ils avaient vues passer. —Ne
répétez jamais les propos injurieux que vous avez
entendu débiter. — Voyez ces plantes que j'ai lais-

sées croître, elles font l'admiration de tous les curieux qui n'en ont jamais trouvé de semblables. — La maison que j'ai fait achever, a paru bien belle à tous ceux qui l'ont examinée dans toutes ses parties. — Quelle est, Madame, la contrée qui vous a vue naître? N'est-ce pas une de nos colonies, qui vous a donné le jour? Je ne crois pas que vous soyez née à Paris, comme quelques-uns l'ont prétendu. — Ces rois avaient été condamnés aux peines du Tartare, pour s'être laissés gouverner par des hommes méchants et artificieux; ils étaient punis pour les maux qu'ils avaient laissé faire par leur autorité. — Les difficultés qu'on a cherché à vaincre, ne tarderont pas à s'aplanir; et c'est avec raison, que l'on dit que ceux qui se roidissent contre les difficultés, les ont vaincues à moitié. — J'ai été témoin d'une révolution qui a coûté bien du sang; j'ai vu mes contemporains qui, au jugement de toute l'Europe, passaient pour des hommes érudits, je les ai vus décerner des titres pompeux aux apôtres du mensonge, et porter en triomphe les bustes des ennemis de l'humanité. — Les orateurs que j'ai entendus parler ce matin, m'ont paru doués d'un organe assez agréable; la matière qu'ils ont traitée, et que j'ai entendu discuter, m'a paru d'une assez haute importance, puisqu'il s'agissait de la régénération des mœurs publiques, que des hommes ambitieux et farouches ont perverties à la honte de la nation française. — Mères pauvres et délaissées, souvenez vous que vos enfants, qui vous ont abandonnées pour aller combattre les ennemis de leur Patrie, vous ont, en partant, recommandées à notre sollicitude. Essuyez donc les pleurs que vous avez répandus jusqu'à ce jour, et ceux que nous vous voyons répandre; nous ne manquerons pas à nos engagemens; nous acquitterons la dette honorable que nous avons contractée. Oui, nous vous avons recommandé et nous vous recommandons encore la plus grande confiance dans les personnes que vos enfants ont choisies pour vous transmettre les secours et les consolations dont vous avez besoin. — Les palais et les châteaux que nous avons vu bâtir à grands frais, ont été construits aux dépens du peuple, qui seul a fourni les sommes exorbitantes qu'on a consacrées à la magnificence de ces somptueux édifices. — Il y a un goût superficiel qui n'est, à proprement parler, qu'une tradition du goût d'autrui; qui ne juge rien que par comparaison, ne rapporte rien qu'aux modèles qu'il a entendu louer, et ne voit rien au-delà. — On a beaucoup pensé et beaucoup écrit sur les femmes, et la plûpart de ceux qui en ont parlé, les ont peu ménagées dans leurs portraits. Pourquoi les femmes se sont-elles crues peu offensées du mal qu'on a dit d'elles? C'est qu'elles savaient avoir affaire à des juges intéressés, lesquels avaient des motifs secrets pour ternir leur réputation. — La pluie qui est tombée ce matin, fécondera sans doute les champs naturellement fertiles que nous avons vu labourer. — Un vent impétueux a porté loin de la forêt l'épée que sa main a laissée tomber. Il sort, et la retrouve sur sa route. — L'opinion fâcheuse que nous avons conçue de ce peuple, provient du souvenir des cruautés que nous avons vu exercer chez lui. — Mon ami, les détours que je vous ai vu employer, ne me donnent pas lieu de croire que vous soyez véridique. — J'ai reçu

chez moi votre mère qui est venue s'informer des
progrès que vous pouvez avoir faits dans la carrière
des sciences que vous avez commencé à étudier.
—Les ruisseaux que nous avons vu détourner,
portent ailleurs le tribut de leurs ondes paisibles;
ainsi les campagnes que j'ai vu cultiver, ne seront
plus arrosées de leurs eaux salutaires.—Quelle école
que celle de la révolution! Comme elle a changé
les hommes et les choses! Combien de talents elle a
produits! Combien elle a dévoilé de turpitudes!
Combien de ressorts nouveaux elle a créés! — Ces
grandes idées, ces principes et ces théories à peine
connues de quelques hommes du premier ordre,
sont devenus des vérités pratiques et familières.
— Les ouvrages nouveaux que nous avons vu représenter, ne nous ont pas paru conduits avec intelligence; le jeune Auteur qui les a donnés au
théâtre, ne connaît pas toutes les ressources de l'art
dramatique; il ne les a pas assez étudiées. — Quelles
grandes leçons nous avons reçues en peu de temps,
et quelles traces profondes elles ont laissées dans les
esprits! — Les dons de toute nature, que nous
avons vu apporter, n'ont pas peu contribué à grossir
le trésor public. —Ces règles si faciles, vous les
avez déjà entendu expliquer au moins trente fois, et
cependant vous ne paraissez pas les avoir comprises!
— Je ne connais pas le produit de la terre que vous
avez long-temps habitée; mais je crois qu'elle serait
très propre à recevoir les jeunes plants que j'ai vu
apporter.—N'oublie jamais les bons avis et les leçons
que tu as reçus de tes maîtres; ils te seront utiles
dans quelque situation, dans quelque pays que tu
te trouves.—Les troupeaux que nous avons vu con-

duire dans la prairie, nous ont paru bien différents
de ceux que nous avons vus rentrer d'eux mêmes
dans le bercail, lorsque nous étions tout près de la
ferme qu'a achetée votre cher oncle. — Messieurs,
votre Commission vous a exposé les vues principales
qui l'ont dirigée dans le plan de l'organisation de
l'instruction publique. — Les bâtiments que j'ai vu
élever dans cette ville, et qui sont loin d'être occupés,
sont en trop grand nombre, relativement à la quantité
des habitants. — Les sacrifices que vous m'avez vu
faire, ne permettent pas que j'en fasse de nouveaux,
quoique l'utilité publique les ait depuis long-temps
sollicités de nous. — On peut se convaincre des soins
que lui a coûté l'examen d'une aussi riche collec-
tion, par les extraits qu'il en a donnés, et par les
notices bibliographiques qu'elle lui a fournies.
— Voyez ces lionceaux qu'une mère farouche a instruits au carnage; leur crinière ne flotte pas encore
sur leur cou; l'âge n'a pas encore développé les
forces qu'ils ont reçues en partage; il n'a pas encore
formé en eux les armes meurtrières que leur a données la Nature. — Il serait dangereux de dévoiler à
la Jeunesse les erreurs de ces hommes que l'Antiquité nous a peints comme des héros. Ils ont souvent
terni la gloire et l'honneur que leur ont procurés
des actions mémorables, par des écarts terribles qui
les ont placés au dessous des autres hommes. — Les
jeunes-gens ne doivent connaître que ces hommes
extraordinaires qui se sont montrés supérieurs à
leurs contemporains, et qui ont fait époque parmi
les nations qui se sont glorifiées à juste titre de les
avoir possédés. — Ce n'est pas une traduction nouvelle que Madame a prétendu donner, c'est seule-

ment l'esquisse d'un grand tableau dont elle a recueilli les traits les plus dignes d'être cités. En élaguant tout ce qui pouvait être retranché, si elle s'est permis de courtes réflexions, c'est qu'elle les a crues essentielles et même nécessaires. — Tu rougirais sans doute de voir tes bras qu'on aurait impitoyablement chargés de fers; travaille donc à mériter l'estime que personne ne t'a refusée jusqu'à ce jour. — Quel service n'ont pas rendu à la Jeunesse les Écrivains qui ont mis à sa portée les grands exemples de courage et de vertu que Plutarque, cet homme célèbre, a recueillis dans ses ouvrages! — Tant d'imprudences de la part de ce jeune-homme, sont graves et dangereuses; elles ne tiennent pas aux vices du maître; elles sont le produit des leçons que l'élève a reçues, la suite des funestes habitudes qu'on l'a laissé prendre, et le résultat de la méthode que paraît avoir adoptée le précepteur. — Les conversations que j'ai souvent eues avec votre père, ont tourné à notre profit. J'ai lu les divers plans qu'il a proposés sur l'économie sociale; et c'est avec une vraie satisfaction qu'il a lu les matières littéraires que j'ai traitées publiquement. — Tout sages qu'étaient les philosophes de la Grèce, que nous avons entendu vanter si souvent dans le dix-huitième siècle, de quelque estime qu'ils aient joui de leur vivant, ils ont commis bien des erreurs que nous avons vainement prétendu justifier. Ils s'étaient imposé des sacrifices et des privations dont ils se sont bientôt lassés. — L'éloge dont j'ai offert l'analyse, a le double avantage de présenter aux amis de la vertu l'histoire d'un Magistrat qui l'a constamment pratiquée, et aux amis des sciences l'histoire d'un Savant qui les a cultivées avec succès. — Quant à la morale, remercions l'Etre suprême de l'avoir séparée des autres sciences, et de ne l'avoir pas abandonnée à l'incertitude et aux aberrations de l'esprit humain. — Où nous a conduits cette raison qui, depuis tant de siècles, s'enrichit, dit-on, et se perfectionne? Qu'est-il résulté de cette masse de lumières qu'on prétend s'être accumulées depuis six mille ans? Dites moi, je vous prie, quelles sont les vérités inconnues que nous ont révélées ces grands hommes. — Tous les fanatiques, tous les imposteurs se sont toujours donnés pour des hommes inspirés qui apportaient à leur siècle des clartés nouvelles; et leurs contemporains ne se sont pas donné la peine de s'assurer s'ils méritaient quelque confiance; ils auraient reconnu que c'est cet esprit d'innovation et de réforme, qui a bouleversé le monde. — Cette femme, célèbre d'ailleurs, a avancé quelques principes erronés. Faut-il, s'écrie-t-elle, que l'espèce humaine se soit toujours dégradée, à mesure qu'elle abuse d'une idée généreuse! — C'est ainsi qu'elle se jette de déclamations en déclamations, à la manière de cette espèce de sophistes dont elle s'est faite le défenseur officieux. — Tous tant que vous êtes, mes amis, vous vous êtes laissés conduire par des intrigants. — Les oiseaux que j'ai laissé tuer, faisaient ici beaucoup de dégâts. — La philosophie mérite sans doute tous nos hommages; mais les erreurs antisociales qu'une foule de beaux esprits nous ont débitées depuis cinquante ans, ce n'est pas du tout la philosophie. — Chaque jour, ils dénoncent de nouveaux abus qu'ils disent avoir découverts; ils fatiguent le Public de murmures et de plaintes séditieuses, sous'

prétexte de perfectionner l'esprit humain. — Il
était difficile d'introduire dans les deux ouvrages
que j'ai lus, les tournures et les expressions que Michel Montaigne s'est rendues propres. — Que notre
prose gagnerait à reprendre ces mots et ces tournures que nous regrettons tous les jours d'avoir
perdus! — Dans le cours de la révolution qui s'est
opérée, que d'intérêts divers ont été froissés! Combien de luttes pénibles n'avons-nous pas eues à soutenir!—Les commotions politiques se sont succédé,
depuis quelques années, avec tant de rapidité, que
beaucoup de questions sont aujourd'hui sans intérêt
ou même dans l'oubli. — Je suis loin de regretter
les cent écus que m'ont coûté ce secrétaire et cette
glace; je les ai eus tous deux à très bon compte.
—Il avait une épée en main; mais, l'ayant laissée
tomber, il fondit sans arme sur l'audacieux qui lui
avait porté le premier coup. — Les chaleurs qu'il a
fait pendant l'été ont paru insupportables même aux
personnes qui ont vécu dans les pays méridionaux.
— Votre femme s'est mis des chimères dans l'esprit;
elle n'a plus à craindre les chagrins et les peines
qu'elle a éprouvés jusqu'à ce jour. — Les deux
mères que vous avez jugées, me paraissent s'être
rendues coupables d'un grand crime; de pareils
attentats ne doivent pas demeurer impunis.—Les
jeunes-gens que la loi a fait partir à l'armée, ont,
malgré eux, renoncé aux douceurs que leur avait
promises un tendre hyménée. — La désobéissance
des soldats s'est trouvée montée au plus haut degré.
— Cette pauvre femme n'ayant plus de pain à donner à ses enfants, s'est laissée périr de chagrin et
d'inanition. — Les Corps savants se sont fait des

objections, et se sont répondu sur les difficultés qu'ils s'étaient faites. — Cet homme s'est créé tant d'ennemis, que, dans le nombre, il a dû s'en trouver quelques-uns qui se soient plu à le calomnier, à lui trouver certains torts qu'il n'a pas eus. — De deux filles qu'elle avait, elle en a fait une marchande, et l'autre, elle l'a faite religieuse. — Caton abolit l'usage que des citoyens s'étaient arrogé de faire passer dans leurs maisons ou dans leurs jardins les eaux des fontaines publiques. — Voici la statue de cette fameuse Sémiramis que les Dieux ont métamorphosée en colombe ; et c'est sous cette forme, que les Babyloniens l'ont adorée longtemps. — Les habitants de Smyrne sont adonnés aux plaisirs qu'ils ont toujours aimés ; ils recherchent les douceurs de la vie ; mais la mollesse ne les a pas énervés. — La ville d'Halicarnasse possède de grandes richesses ; Mausole, son roi, l'a embellie de palais et de superbes monuments. — Télémaque, vainqueur de Phalante, va lui présenter néanmoins les cendres de son frère, qu'il a recueillies dans une urne d'or. — Le jeune fils d'Ulysse ne pouvait souffrir que les éloges qu'il avait avait mérités. Les louanges des flatteurs lui étaient suspectes. — La Grèce, que tant d'artistes et de littérateurs ont illustrée, parut faite pour donner des lois à l'univers ; elle ne sut pas toutefois s'en donner à elle-même ; et elle devint la proie des peuples barbares. — Les grandes leçons de morale que nous a données Cicéron dans son Traité des devoirs, peuvent nous conduire au bonheur, si nous avons le bon esprit de les pratiquer. — Rome marcha sur les traces d'Athènes ; elle parvint au plus haut degré de splendeur; mais elle s'écroula, lorsque ses conquêtes l'eurent épuisée au dehors, et que ses factions l'eurent altérée au dedans. — Mes livres que j'ai laissé emporter, m'auraient été fort utiles au sein des disgrâces qu'on m'a fait éprouver. — Il y a deux sortes de littératures, que le Philosophe a toujours distinguées : la littérature frivole qui énerve les facultés des jeunes-gens, et la littérature sérieuse qui développe et fortifie nos organes. — Les nations ne nous ont donné que trop souvent le spectacle de ces catastrophes mémorables par lesquelles, du faîte de la grandeur, elles sont tombées dans l'oubli, et se sont précipitées dans le néant. — Que de gens nous parlent de la félicité, sans l'avoir jamais connue! — Si quelqu'un, envieux de ma longévité, désire de connaître par quel art je me la suis procurée, je lui dirai que ma recette se trouve dans cette branche de la médecine, qui est appelée hygiène, et qu'on a malheureusement négligé de cultiver. — Depuis Platon, deux hommes consacrèrent les talents qu'ils avaient reçus de la Nature, et qu'ils ont fait valoir, à ramener la philosophie politique; ce furent Cicéron, à Rome, et Michel Montaigne, en France. — Cette tragédie ne pouvait faire honneur à celui qui l'a donnée au Public; on est fâché que vous l'ayez laissé représenter. Le peu d'applaudissements que l'Auteur a reçus, le dégoûteront entièrement du théâtre. — On prétend que Cicéron, dont les ouvrages que vous avez commencé à expliquer, vous paraissent si beaux, composa un plan de gouvernement, dont il ne nous reste aucune trace. — Montaigne, doué d'un esprit délicat et judicieux, joignait la sagacité la plus étonnante aux connaissances profondes qu'il avait acquises par la lecture des bons livres. — Tout le monde sait quelle bénigne influence la doctrine de Platon a long-temps exercée sur la prospérité publique. — Les nations qui se sont éloignées de la vraie philosophie, ont essuyé de terribles et de nombreux désastres; le burin de l'Histoire les a consacrés d'une manière bien authentique. — Vos amis, que j'ai vus, se sont rappelé de suite la promesse qu'ils vous ont faite si souvent, de vous être utiles. — Cette bonne mère s'est laissée attendrir par les pleurs de son fils; elle s'est créé des chagrins qu'elle n'aurait jamais eus. — Ne pourrait-on pas être étonné de la réponse qu'ils ont imaginé de faire à l'objection qu'on leur a soumise? — Anténor, qui vécut cent huit ans, s'écrie : Que d'hommes j'ai vus naître et mourir! Un fleuve dont les flots se suivent, se pressent, est la vive image des générations que j'ai vues s'écouler. Que de révolutions, de combats et de batailles écoutés alors avec avidité, aujourd'hui entièrement oubliés! Que sont devenus ces tyrans, ces factieux qui, féroces d'orgueil, haletant de la soif des richesses et des dominations, sont montés de crime en crime au gouvernement de l'Etat? Ils ne sont plus qu'une vile poussière. — Je ne crains pas qu'on accuse cette femme d'avarice, elle qui a consacré au soulagement des pauvres le peu de fortune qu'elle a amassé. — Quelques progrès qu'ait faits l'Empire de Russie, quelle que soit son étendue, quelques richesses qu'il paraisse posséder, il lui reste encore à faire beaucoup de choses que le Gouvernement a projetées. — Les rois d'Albe dont Rome était une colonie, s'étaient succédé de père en fils. — Nous n'en sommes plus à vouloir une république telle que nous l'avons eue, la révolution nous en a dégoûtés. — Au milieu de tant de bouleversements, et après les injustices que tous les États de l'Europe ont tour-à-tour ou tolérées ou souffertes, il est bien difficile de réparer les malheurs de vingt années qu'on a remplies de sang et de larmes. — Cette femme aurait réussi, je n'en doute pas; mais vous conviendrez qu'elle s'y est mal prise en débutant. — Il a traduit ce poète grec, dont nous avait un peu dégoûtés la mauvaise traduction qu'en avait donnée le Sage. — Ces assemblées, quelles qu'elles aient été, ne nous ont jamais offert ces scènes de désordre et de scandale, que nous avons vues se renouveler sans cesse chez des peuples qui se croient plus éclairés. — Bien des maris, honteux de s'être laissé dominer, réclamaient sans aucun ménagement l'appui de la loi. — La belle Herminie fut séduite et attirée par les perfides conseils de l'Amour. — Tu n'es point née, lui dit ce Dieu, au sein des glaces ou au milieu des rochers. Un monstre ne t'a pas enfantée dans les forêts. La Nature ne t'a pas donné un cœur de diamant...; tu fuis néanmoins à toute heure celui par qui tu t'es laissée charmer! Tu crains un vainqueur cruel! Eh! ne l'as-tu pas vu partager les douleurs que tu as souffertes, répondre aux plaintes que tu as exhalées, s'attendrir aux larmes qu'il t'a vue répandre? Tu balances à sauver ton amant! Ingrate! Ah! c'est à toi plutôt, qu'est due la dénomination de barbare, que tu lui as donnée! Cet amant vertueux languit loin de toi, et tu n'es occupée qu'à soulager son ennemi! Voilà donc le prix des services qu'il t'a rendus et de ceux qu'il aurait voulu te rendre encore! Va, cours où t'entraînent tes désirs illicites, abandonne le héros magnanime qui t'a donné mille preuves de sa tendresse. Que dis-je? Retourne vers lui, il te tend les bras; rappelle toi qu'il t'a adorée, malgré ton indifférence. Jeune et sensible comme tu l'es, tu ne peux braver l'Amour et ses feux.

SUBSTANTIFS

Dont il importe de bien connaître le genre,
pour déterminer leur accord avec l'Ad-
jectif ou le Participe qui les accompagne.

J'ACCEPTE volontiers, Monsieur, l'offre que vous m'avez faite de votre bourse. Ces gens-là prêtent à grosse usure : aussi sont-ils fort riches. Mademoiselle, on va vous payer l'ouvrage que vous avez fait. Ils ne tardèrent pas à renverser l'idole qu'ils avaient encensée. On peut imprimer le cachet sur l'argile, tant qu'elle conserve son humidité. Il faudrait qu'on retirât les échoppes qu'on a placées dans ce passage. On parle d'un armistice conclu entre la France et l'Autriche. Vous écririez mieux, si vous suiviez l'exemple que vous a faite votre maître. Je me suis arrêté dans cette auberge que vous avez rencontrée à vingt pas de la forêt. Cet article que vous prenez, est beaucoup moins cher que cet autre. J'ai acheté une belle écritoire, et l'ai emportée à la campagne. Quelle union vous m'avez proposée là ! aussi ne l'ai-je point acceptée. Cet hôtel est assurément un des plus beaux hôtels que j'aie jamais vus. Pourquoi m'apportez-vous une vieille oie ? je ne l'ai pas demandée. L'urne que j'ai placée dans mon jardin, renferme les cendres de mon père. J'ai un oratoire bien joli ; c'est là que, tous les matins, je fais ma prière. Les épisodes de cet ouvrage me paraissent trop courts et mal amenés. Je vous assure que cette pièce est de bon aloi.

Mânes chéris de mon père, recevez mes touchants adieux. Vous n'avez personne au monde, qui vous soit plus attaché que moi. Bien qu'il fût très riche, il ne donna pas même un centime aux pauvres. Quand les obsèques eurent été faites, chacun s'en retourna chez soi. Une hydre cruelle fut terrassée par le vaillant Hercule. Cet idiôme qui vous déplaît, a été formé d'une ancienne langue que vous avez étudiée avec plaisir. Quels charmes trouvez-vous à la campagne, quand les frimas et les neiges sont arrivés? Leurs ongles n'étaient jamais coupés, et leur barbe tombait sur leur poitrine. Ce grand concours de monde autour du palais du Roi, était un fort indice du mécontentement général. Cet axiôme est connu dans tous les pays civilisés. Quand l'exercice sera fait, et que les troupes seront parties, nous nous rendrons chez le Ministre. Les légumes sont bien meilleurs, quand la terre qui les a produits, a été souvent arrosée. On sait qu'un bel exorde a coutume de disposer l'auditoire à la bienveillance. Un soldat macédonien offrit à Alexandre-le-Grand son outre qui était remplie d'une eau qu'il avait puisée dans un lac. Quand il fut placé sur un monticule, il harangua le peuple charmé de l'entendre. Vous avez cru que votre éventail était perdu; je vais, Madame, vous le remettre. Pallas armée de sa brillante égide, semblait animer de ses regards ce peuple de guerriers. L'espace que nous avons parcouru, m'a semblé assez grand pour contenir les troupes que l'on a envoyé chercher. Quand vous avez appris quelque chose d'agréable, jamais vous ne le communiquez. L'outrage que vous avez fait à ma fille était cruel; cependant elle l'a dévoré en silence.

Ces hymnes qu'on avait faites pendant la révolution, avaient pris la place des hymnes admirables que Santeuil a produits. Quel délice pour moi, que de vivre loin du fracas des cités tumultueuses! La mollesse repose au fond d'une alcove obscure, autour de laquelle voltigent les Songes, enfants de la nuit. Ces nouveaux dialectes se répandirent en Europe où ils furent adoptés, aussitôt qu'on les eut connus. Il faut que vous ayez l'ouïe bien dure, puisque vous n'avez pas entendu les méchants propos qu'on a tenus sur votre compte. Il a fait, cette nuit, des éclairs affreux qui se sont prolongés jusqu'à huit heures du matin. Entrons dans cette auberge qui jouit d'une meilleure réputation que celle que vous avez choisie. Nous louâmes un remise fort élégant pour aller au bois de Boulogne où l'on nous avait attendus la veille. J'ignore pour quelle raison ces immondices dégoûtantes n'ont pas encore été enlevées et transportées dans l'égoût qui doit les recevoir. Dans une courte période de vingt années, la France, l'Italie et l'Espagne ont fait une terrible expérience de cette grande vérité. S'il n'avait pas eu d'autre engagement, l'offre de ma main l'aurait-elle autant effrayé? Il met en pièces l'idole, et la trouve remplie d'or.

Dans quel profond abyme ne serions-nous pas plongés, si un pareil malheur nous arrivait! Je vous pardonne l'insulte que vous m'avez faite, persuadé qu'elle est involontaire. Cléopâtre périt de la morsure d'un aspic qui lui fut apporté, lorsqu'elle voulut se donner le trépas. L'ère vulgaire a remplacé l'ère républicaine que nous avions introduite en France. Nous admirâmes dans cette église le superbe orgue qu'on y avait placé. Tous les exem-

plaires qui ne sont pas revêtus de son paraphe, doivent être regardés comme contrefaits. Voici un bel
if; mais il aurait fallu le tailler au commencement
de l'hiver. L'énigme qui fut proposée par le sphynx,
n'était pas aisée à deviner. Cette avant-scène était
déjà construite, lorsqu'on décida qu'il n'y en aurait
point. Vous serez, ma nièce, l'éternel opprobre de
ceux qui vous ont donné le jour. Cet astronome nous
avait annoncé une éclipse totale; elle ne fut que
partielle. Ces demoiselles, étant d'un âge mûr, doivent savoir ce qu'il leur importe de faire pour réussir.
Cette abbaye que vous avez vue, a été détruite par
des scélérats qui ne vivaient que de rapine. Les pleurs
qu'il a versés aujourd'hui n'ont pu me faire oublier
ceux qu'il a répandus dans une autre occasion.
L'éloge que vous avez fait de sa personne, a été entendu avec plaisir. De quelque côté qu'il tourne ses
pas, partout il existe une terre aride et desséchée,
une atmosphère brûlante et un horizon immense.
La couleur blanche paraît avoir été de tout temps
l'emblême touchant de la candeur et de l'ingénuité.
L'automne dernier a donné naissance à une multitude de maladies que l'hiver a chassées. Cet eucologe
est fort beau, où l'a-t-on imprimé? Vous conviendrez
que votre ouvrage est surchargé d'accessoires tout-
à-fait insignifiants et absolument détachés de l'action
principale. Je n'ai jamais vu d'aussi belles orgues
que celles-ci. Quelles gens que ces avares qui passent leur vie à contempler les écus qu'ils ont entassés
dans leur coffre-fort! Il nous faut placer cet asté-
risque au bas de la page, afin que le lecteur le voie
où il doit être. J'ai dû briser les entraves que vous
avez mises à toutes mes opérations. Un ivoire poli.

couvrait, dit-on, le dôme du palais du Soleil. Les personnes qui affectent de paraître gens de bien, pourront en imposer à la multitude; mais elles ne pourront jamais inspirer à qui que ce soit l'amour de la vertu. On trouve dans ce pays de fort bons anchois qu'on ne rencontre pas ailleurs. Les vieilles gens sont presque toujours ennuyeux ; cependant il est des vieillards bien aimables. Cette seule parole lâchée au hasard donna lieu à un esclandre bien fâcheux pour lui. L'autruche a toujours été regardée comme le symbole des mauvaises mères, à cause de l'insouciance qu'elle témoigne à l'égard de ses œufs. Comment les pétales charmants qui font la beauté de la rose, peuvent-ils faire regarder cette fleur comme un monstre ? Cet uniforme, qui est très-élégant, vaut mieux que celui qu'on vous a proposé. J'ai éprouvé une cruelle onglée en revenant de la campagne. On ne doit pas se permettre une équivoque qui puisse alarmer la pudeur. Quoiqu'ils soient issus du même père, il existe entre leurs caractères une disparate étonnante qui fait craindre qu'ils ne puissent jamais se supporter. Voyez combien cet écureuil est joli, avec quelle agilité il court de branche en branche. Combien est grand le pouvoir de l'éloquence, puisqu'un orateur habile parvient quelquefois à gagner un auditoire prévenu, et, pour ainsi dire, conjuré contre lui ! En proie à des douleurs poignantes, couvert d'ulcères contagieux, il est mort en horreur à lui-même et à tous ceux qui le servaient. Ils paraissent n'avoir jamais connu les douceurs de l'amitié, ceux qui l'ont définie un échange mutuel de services. Quel plaisir pour cette femme, que de songer qu'elle allait seule, semblable à la salamandre, rester de glace au milieu de l'incendie ! Je veux mourir, si j'entends rien à de pareilles énigmes ! Je n'ai pas le talent de deviner ce qui n'est pas clair. Ce stade n'était ni long ni difficile à parcourir.

Quel mérite trouvez-vous à cet ouvrage ? On n'y rencontre, selon moi, que des idées fausses et des antithèses outrées qui ne peuvent séduire que des personnes d'un goût peu sûr. Il y a des œufs dont la glaire manque d'une enveloppe calcaire, et n'est recouverte que d'une membrane assez forte, qui entoure immédiatement ce liquide. La victime fut amenée au pied d'un autel paré de fleurs, et y fut égorgée par la main du grand-prêtre. Cette optique me paraît fort bonne, et sans doute elle serait telle aux yeux de tous les connaisseurs. Ils s'avancent à la faveur de l'obscurité ; les sentinelles endormies sont massacrées les premières (a), et bientôt ils sont maîtres du camp ennemi. Les femmes, en général, paraissent avoir les fibres plus délicates et plus déliées que les hommes. L'avare éprouve une perpétuelle insomnie, parce qu'il craint toujours qu'on ne lui enlève ses richesses. Le buis est préférable, sous beaucoup de rapports, à l'ébène même le plus artistement travaillée. L'étable que vous avez choisie, ne me paraît pas saine ; il faudrait en louer une autre. Cet emplâtre n'est pas assez grand pour couvrir la plaie, il faudrait en faire un autre sur-le-champ. J'ai les organes assez forts, me disait une dame, pour ne pas redouter la violence des odeurs. Donnez moi un échantillon de cette nouvelle étoffe, je le montrerai à plusieurs demoiselles de ma connaissance. Quand Virgile a dit que le cheval des Grecs était grand comme une montagne, il s'est servi d'une hyperbole assez commune chez les poètes. On devrait combler cet abreuvoir qui est rempli d'immondices, et qui exhale une odeur méphitique. Cet hémistiche est fort dur, et n'ajoute rien, ce me semble, à l'idée de l'Auteur. Les artères partagées en mille ramifications, distribuent une grande partie du sang au corps. L'intervalle que vous avez mis entre vos deux lettres, m'a fait craindre, Madame, que vous ne fussiez tombée malade. On remarque dans ce tableau un grand nombre d'automates qui semblent doués du mouvement et de la vie. L'épitaphe qui fut trouvée à sa mort et placée sur sa tombe, était si mauvaise, qu'on a reconnu aisément qu'il en était l'auteur. Tout le monde admirait le majestueux obélisque qu'on avait élevé sur l'ancienne place du Caire. L'esquisse que vous avez faite, prouve que vous n'avez pas entièrement perdu votre temps. Autrefois les esclaves avaient l'espoir de se racheter avec le pécule qu'ils avaient amassé à la sueur de leur front; il n'en est plus de même aujourd'hui. L'écrin que votre mère nous a donné, est garni de nacre ciselée avec beaucoup de goût. Son industrie aurait pu, en cette occasion, le tirer d'affaire; mais il était dépourvu des ustensiles même les plus communs, de ceux que chacun a ordinairement sous la main. Il serait à propos de faire une nouvelle enquête pour découvrir les auteurs du délit qu'on a dénoncé au magistrat de sûreté. Cet ermite se plaît à entretenir ses douces rêveries, assis à l'ombre des charmantes aubépines qu'il a taillées de ses propres mains. Le propos que vous tenez là est l'effet d'un sot et ridicule orgueil, que vous n'avez pas réprimé, lorsqu'il était temps de le faire. L'inceste commis par l'infortuné roi de Thèbes attira la colère des Dieux non seulement sur lui, mais encore sur sa patrie. La Fontaine a prouvé par un apologue agréablement écrit, qu'il ne faut pas se lier avec un plus puissant que soi. Les vivres sont bien moins chers à la campagne qu'à Paris, ou dans toute autre grande ville. Quand l'inventaire fut fait, nous procédâmes au partage des biens de la succession qui nous était échue. L'entresol est beaucoup trop bas, je ne peux y placer les grands meubles que j'ai achetés. L'office paraît toujours trop long aux personnes qui ne sont pas remplies de l'amour divin. Quand je suis enrhumé, j'ai coutume de prendre de la réglisse avec une légère infusion de bourrache. On lit, dans plusieurs vieux recueils, de jolis épithalames composés par des poètes du seizième siècle. On dit que le féroce S. Just versait, comme un enfant pris en flagrant délit, des pleurs qui n'étaient pas ceux de la rage.

L'affaire dont vous m'avez parlé, a eu, je pense, une heureuse issue, grâce à l'habileté des personnes qui l'ont conduite. Il y a des gens qui avalent les moules, dès qu'elles sont sorties de l'eau. Nous nous sommes beaucoup ennuyés au bal de la semaine dernière; l'orchestre mal dirigé n'y a produit qu'un ridicule effet: c'est assez vous dire qu'il était mauvais. Il faudrait bien que ces décombres fussent transportés hors de la ville, car ils obstruent la voie publique. Vous serez toute mon aide dans le malheur affreux où m'ont plongé les personnes que j'ai secourues. Il n'est pas étonnant que cette horloge ne sonne point; on ne l'a pas montée depuis huit jours. L'épée que vous avez prise, ne vous appartient pas:

aussi est-on venu la réclamer aujourd'hui. Cette table vous semble encore trop courte; il est nécessaire d'y adapter de nouvelles allonges. Il faut ensevelir dans un éternel oubli les haines de partis, que nous avons fomentées jusqu'à ce jour contre nos propres intérêts. Vous avez failli casser cette pédale en la heurtant avec votre pied. Je sais que la promenade est pour vous un délice; pour moi, je l'avoue, je fais consister toutes mes délices dans l'étude des sciences. Si cette hypothèse était une fois admise, elle donnerait lieu à d'étranges conséquences. Le voyage ne fut pas des plus heureux, car notre voiture versa en s'enfonçant dans de profondes ornières. Vous m'avez envoyé deux belles perdrix, je désirerais maintenant une couple de pigeons. L'aigle impériale s'étant déployée aux yeux de l'ennemi, chacun chercha son salut dans la fuite. Pâque sera bientôt venu; le temps s'écoule avec rapidité, et nous touchons à Pâques fleuries. Le virus de la rage se communique si facilement, qu'il suffit que l'épiderme soit enlevé, et que la moindre particule du venin se mêle au sang, pour qu'on soit atteint de cette terrible maladie. J'irai certainement vous voir une de ces après-midi, mes occupations ne m'ayant pas permis de le faire jusqu'à ce jour. L'élixir que vous m'avez envoyé, paraît avoir moins de vertu que vous ne me l'aviez annoncé. Il y a, j'en conviens, dans cette église, un orgue magnifique et sonore; mais les orgues de cette paroisse sont infiniment plus belles. On disait le second évangile, quand vous êtes entré. Cette enseigne a été placée beaucoup trop bas, il faut l'élever deux pieds plus haut. Votre mère a reçu un affront sanglant dont elle se souviendra toute sa vie. On rencontre dans beaucoup de livres ce vieil adage qui renferme un grand sens. Un érysipèle s'était déjà manifesté à la surface de la peau ; il ne restait donc plus que ce parti à prendre. Ce fut là, dit-on, qu'il conçut le plan de son poëme, et qu'il en exécuta une partie ; mais ce n'était tout au plus qu'une ébauche imparfaite de celui qu'il a publié dans la suite. Comment aurais-je pu gagner ? les seuls as qu'il avait gardés jusqu'à la fin du jeu, dérangeaient totalement mes projets. Pourquoi employer de vains artifices, quand la vérité seule doit triompher en ce jour ? L'anniversaire de sa naissance fut célébré avec toutes les démonstrations de la joie la plus vive. L'épigraphe que vous avez mise à la tête de votre ouvrage, est tirée de la nouvelle Héloïse. Il était trois heures du matin, quand un incendie terrible s'est communiqué à l'hôtel de la préfecture, qu'il a consumé en partie. Le peuple eût voulu absoudre ce Général ; mais les juges le condamnèrent à un exil perpétuel. L'opium, doué de propriétés si bienfaisantes, employé à plus forte dose, devient un poison très énergique. A la suite de cette brûlure, il parut une ampoule très douloureuse qui donna lieu à de vives inquiétudes. Pendant l'entr'acte qui fut fort long, il s'éleva une rumeur qu'on eut de la peine à étouffer. Les fruits et les légumes que je récolte à ma campagne, sont d'un meilleur acabit que les vôtres. Au bruit de cette nouvelle, j'ai ressenti une angoisse terrible que le temps et la réflexion ont accrue. Les ennemis furent pris dans une embuscade qu'ils n'avaient pas prévue. On fit sur son nom une méchante anagramme qui donna lieu pourtant à une singularité remarquable.

Cet arc de triomphe ne peut rester devant la porte de la ville, il faut le transporter plus loin. Les crabes ne leur semblent pas bons, parce qu'il ne les ont pas goûtés. Vous avez commis là un anachronisme qui ne saurait être souffert, et que chacun a remarqué. Il avait un long cigare, et paraissait plus heureux qu'un roi. On a célébré à S. Pétersbourg le quarantième anniversaire de la naissance de l'empereur Alexandre, Quand on veut faire le commerce, on s'expose à tous les risques que court le négociant. On le vit toujours prêt à fondre sur eux comme un aigle qu'on voit toujours, soit qu'il vole dans les airs, soit qu'il se pose sur le haut de quelque rocher. Mes amis, le bonheur est semblable à l'éclair; il brille, et n'est plus. Un tel événement présente une ample matière au plus brillant épisode. C'est dans cette pharmacie, qu'on trouve les meilleures jujubes. Ils portent les ongles du grand et du petit doigt longs quelquefois de deux pouces. Il est probable que cette nouvelle apothéose n'aura qu'une représentation.

TROISIÈME PARTIE.

PONCTUATION.

LE BON PÈRE,

D'AUTRES loueront, en vers plus magnifiques,
De fiers vainqueurs, d'illustres conquérants;
Comme on ne voit chez la plûpart des Grands,
Que faux honneurs, que vertus fantastiques,
Pour mon héros, c'est Jacques que je prends.

De ses voisins, connu pour honnête-homme,
Jacques était un pauvre charpentier,
Vivant content de son premier métier.
Mais l'ouvrier, tant soit-il économe,
Manque de tout, quand par malheur il chôme.
Il ne peut guère, avec son faible gain,
Garder, le jour, la part du lendemain.
Un mois entier, Jacques n'eut rien à faire;
Jacques pourtant était époux, et père
De quatre enfants qui demandaient du pain.
Quand il se vit sans un sou dans sa bourse,
Il vendit tout, malheureuse ressource,
Qui le soutint à peine quelques jours!
Puis le voilà sans espoir, sans recours,
Voyant périr, faute de subsistance,
Sa tendre épouse et ses jeunes enfants.

CORRIGÉ DE LA CACOGR.   7

Il sort, il court, et, pour Dieu! des passants
En bégayant, implore l'assistance.
Il est partout éconduit, rebuté;
Ou, si quelqu'un l'accueille avec bonté,
C'est l'indigent, l'orphelin ou la veuve,
Que le malheur met à la même épreuve.
Un ouvrier, du même état que lui,
Le rencontrant, le voit triste et farouche.
— Qu'as-tu? — Je suis sans travail, sans appui;
Ma femme meurt. — Ah! ta peine me touche!
Si je pouvais, tu serais soulagé.
Prends ces deux sous (c'est tout l'argent que j'ai),
En attendant une plus grosse somme.
Si tu croyais pouvoir t'y résigner,
Tu recevrais trente sous d'un jeune-homme,
Qui cherche un bras, pour apprendre à saigner.
— M'y résigner!... Ah! j'y cours avec joie,
Dit le pauvre homme, un peu moins consterné.
Au jeune artiste il est bientôt en proie,
Reçoit le prix du sang qu'il a donné,
De l'autre bras se fait saigner encore,
Court acheter un pain bis que dévore,
En un moment, sa famille aux abois;
Mais on n'entend qu'avec peine sa voix;
Son bras est teint... — Ciel! qu'est-ce que je vois?
Ah! mon mari!... mon père!... chacun tremble;
Epouse, enfants demandent tous ensemble:
Qu'avez-vous fait? — N'ayant rien à gagner,
Pour de l'argent, je me suis fait saigner.
Que n'ai-je, hélas! plus de sang à répandre!
Vous me verriez le verser, sans attendre
Que le besoin revienne de nouveau
Précipiter vos pas vers le tombeau.

Ciel! quel tableau pour les âmes honnêtes!
Grands, vous donnez des festins et des fêtes,

Quand sous son toît, l'honnête infortuné,
Manque de tout, et meurt abandonné.

BOUILLIAT.

~~~~~~~~~~~~~~~~~~~~

LE BON VOISIN.

On ne pense qu'à soi : c'est le mot du vulgaire.
L'égoïsme est partout ; moi, je dis au contraire :
On trouve en tout pays des hommes vertueux,
Qui s'occupent toujours du sort des malheureux.

Dans un petit village, en basse Picardie,
Le feu prend, et bientôt cause un grand incendie.
L'alarme se répand, chacun crie au secours,
Simon vole au danger, sans craindre pour ses jours.
En vain redouble-t-il d'efforts et de courage ;
Le feu, loin de cesser, s'anime davantage.
Tout brûle, tout s'écroule, et le village entier
Ne présente déjà qu'un immense foyer.
Tel le Ciel en courroux tonne et lance la foudre,
Confond les éléments, et réduit tout en poudre.
Enfin va s'embrâser la dernière maison ;
Chacun veut la sauver : c'est celle de Simon.
Il aide ses voisins dans ce péril extrême,
Et leur donne ses soins, sans songer à lui-même.
On court le prévenir de ce prochain malheur.
Il paraît à l'instant, et, saisi de frayeur :
Amis, oubliez moi, c'est dans cette chaumière,
Qu'il nous faut pénétrer, et sauver notre frère.
Infirme et sans secours, sans amis, sans parents,
Il doit compter sur nous. Ah ! s'il est encor temps,
Que tout ce que j'ai brûle ! Et soudain il s'élance.
En vain partout la Mort le suit ou le devance ;
Rien ne peut arrêter ses efforts vigoureux.
A grands pas il arrive au lit du malheureux ;

Il le tient dans ses bras; toujours infatigable,
Il charge sur son dos ce fardeau respectable,
Traverse de nouveau ce brasier effrayant,
Sort enfin de ce gouffre, et revient triomphant.
Mais où trouvera-t-il sa juste récompense?
Le malheur suit de près ce trait de bienfaisance.
Du généreux Simon, le toît brûle à son tour :
Point de regret, dit-il! Pour moi, c'est un beau jour;
Puisqu'à ce bon vieillard j'ai pu sauver la vie.
Ma fortune, il est vrai, vient de m'être ravie,
Qu'importe! Un plus grand bien à mon cœur est resté :
Celui d'avoir ici servi l'humanité.

Mais vous souffrez, Lecteur; Simon dans l'indigence!
Non, le Ciel eut bientôt réparé ses malheurs.
Sur lui, sur ses enfants il versa l'abondance;
Et, gravant sa mémoire au fond de tous les cœurs,
Prouva que la vertu n'est pas sans récompense.

MAQUERET.

LA VENTE FRAUDULEUSE.

Dans ce beau livre où Cicéron
Trace les règles de la vie,
Il cite une supercherie
Qui peut nous servir de leçon.

Un Chevalier romain (Canius est son nom),
Homme instruit, jovial, de bonne compagnie,
D'Archimède voulut visiter la patrie.
Sa seule affaire était d'y trouver du plaisir.
Las de Rome, bientôt Syracuse l'ennuie;
Changeant d'objet sans cesse, il montre le désir
D'acheter un jardin où, sans cérémonie,
Loin des fâcheux, au sein d'une troupe choisie,

Se croyant ignoré de l'univers entier,
Il puisse en liberté mener joyeuse vie.
Son projet se répand. Pythius, gros banquier,
Se présente, et lui dit : J'ai trouvé votre affaire ;
Et ma maison des champs pourra, je crois, vous plaire.
Pour en faire l'essai, venez-y dès ce soir,
Vous en pourrez jouir comme de votre avoir,
Bien que ce ne soit pas mon dessein de la vendre.
Le jour pris, il prévient des pêcheurs de s'y rendre,
Distribue à chacun les postes, les emplois,
(Les ordres d'un Crésus sont comme autant de lois).
Notre homme au rendez-vous ne se fait pas attendre.
Tout était prêt d'avance ; un splendide festin,
Les mets les plus friands, grande chère et bon vin.
Au sortir de la table, on descend au rivage ;
Des barques, des filets couvraient toute la plage.
Des poissons monstrueux, comme autant de tributs,
Venaient se déposer aux pieds de Pythius.
Le Chevalier romain, tout hors de lui, s'écrie :
Quel spectacle charmant ! Dites moi, je vous prie,
Quel est donc ce concours de barques, de pêcheurs ?
— N'en soyez pas surpris, dit le banquier habile ;
Ce lieu-ci de poissons fournit toute la ville :
C'en est le réservoir, on ne prend rien ailleurs.
Les gens que vous voyez sont dans ma dépendance.
Canius cachant mal sa vive impatience :
Votre maison m'enchante, ô mon cher Pythius,
Je serai trop heureux, si vous voulez la vendre !
Celui-ci fait d'abord semblant de s'en défendre ;
L'autre le presse ; il cède après de longs refus.
Vous jugez, sur le prix, qu'on ne disputa guère.
Le marché se conclut, on termine l'affaire.
L'acquéreur, à son tour, invite au lendemain
Ses amis à venir admirer son jardin.
Il s'y rend des premiers, court d'abord à la rive,
Fort étonné de voir que personne n'arrive.

Enfin il aperçoit un villageois voisin :
Dites moi, mon ami, chôme-t-on quelque fête ?
Point de pêcheurs ici ! Qu'est-ce qui les arrête ?
— Ma foi ! je n'en sais rien, mais il n'en vient jamais,
Répond le villageois, en secouant la tête :
Hier j'étais surpris de ce que je voyais.
Canius, d'enrager, de se mettre en colère ;
Mais il fallait souffrir, car que pouvait-il faire ?
On n'avait point encor, par une sage loi,
Mis un frein salutaire à la mauvaise foi.

KÉRIVALANT.

L'ENFANT BIEN CORRIGÉ.

Le pauvre Nicolas, tout courbé sous le poids
D'un énorme fagot, s'en revenait du bois,
Un soir, beaucoup plus tard que selon sa coutume.
En marchant, il disait d'un ton plein d'amertume :
La pauvre Marguerite est bien triste à présent ;
    Elle s'inquiète, elle pleure ;
     Hélas ! chaque moment
    Lui paraît long, long comme une heure !
Antoine est triste aussi ; c'est un si bon enfant !
    C'est tout le portrait de sa mère.
    Si les Dieux nous aident, j'espère
    Qu'il sera juste et bienfaisant.
Cet espoir est bien doux… Mais, voici que j'approche !
Ils seront consolés, quand ils me reverront ;
Comme ils seront joyeux ! Comme ils m'embrasseront !
    Mais, s'ils me font quelque reproche,
Je leur dirai pourquoi j'ai tardé si long-temps ;
Au lieu de m'en vouloir, ils seront bien contents,
    Tout en raisonnant de la sorte,
    Nicolas arrive à la porte ;
Il entre, il voit sa femme assise près du lit.

Sur la traverse de la chaise
Sa tête est renversée; elle pleure et gémit;
Son fils est à genoux; il tient, il presse, il baise
Sa main qu'elle paraît vouloir lui retirer.
Cessez, dit Nicolas, cessez de soupirer.
Me voilà bien portant... Est-ce ainsi qu'on m'embrasse ?
Vous ne me dites rien ! Mon fils, tu ne viens pas
    Te jeter dans mes bras!
    Une caresse me délasse,
Tu le sais bien. Viens donc.... Ils veulent me punir !
Ne boudez plus. Tenez, mettez-vous à ma place;
Voyez si je devais plutôt m'en revenir.
J'avais fait mon fagot; je sortais du bocage,
(Il n'était pas encore absolument bien tard)
Quand j'y vois arriver un malheureux vieillard;
    Il est, je crois, de ce village,
Que, par notre fenêtre, on aperçoit là-bas.
Il se traînait à peine. — À voir votre démarche,
    Lui dis-je, Patriarche,
    Vous semblez déjà las?
    Il me répond par un *hélas!*
Qui me fait grand'pitié. Vîte, je prends ma hache,
Je lui coupe un fagot (je ne le fais pas gros,
Il ne l'eût pas porté); de deux harts je l'attache,
    Et le mets sur son dos.
    Il me remercie et me quitte.
Je veux doubler le pas, pour arriver plus vîte;
    La neige tient à mes sabots,
Et m'empêche... Quoi donc! ma chère Marguerite,
Encore des soupirs! Encore des sanglots!
Tu ne pardonnes point ! Tu ne m'aimes donc guère?
Je ne l'aurais pas cru. Marguerite, à ces mots,
Le prenant par la main, lui dit : Malheureux père,
Pourrais-tu désirer d'être aimé de la mère
    Du fils le plus méchant ?
—Antoine méchant! Lui! Non, non, son caractère

Est bon, je le connais. Il est encore enfant,
Il aime à folâtrer : c'est le droit de son âge ;
    Mais laisse faire ; en grandissant,
      Il sera bon et sage.
— Dis plutôt cruel. — Non, je le promets pour lui.
Antoine, tu devrais le promettre toi-même,
Et tâcher d'apaiser une mère qui t'aime.
Mais approche ; dis-moi, qu'as-tu fait aujourd'hui
Pour la fâcher ? Réponds, puisque je le demande.
Vous vous cachez, mon fils ! La faute est donc bien grande ?
— Très grande, cher époux, mais il en est honteux :
C'est bon signe. — Dis moi ce que c'est. — Tu le veux ?
    Tu seras fâché de l'entendre ;
Mais enfin tu le veux, tu le sauras. Ce soir,
    Comme il m'ennuyait de t'attendre,
J'ouvrais de temps en temps la porte, et j'allais vo
    Si tu venais: Une fauvette
    Entre avec moi dans la maison,
    Puis se blottit sur la couchette.
    Elle grelottait, la saison
    Est pour cela bien assez dure.
    Je la réchauffais dans mon sein,
    De mon haleine et sous ma main,
Lorsque je vois entrer la fille de Couture,
La petite Babet. La pauvre créature,
    En tombant sur des échalas,
Dans sa vigne ici près, s'est déchiré le bras.
    Elle pleurait, et sa blessure
    Saignait beaucoup. Ce n'est pas moi
    Qu'elle demandait, c'était toi.
Voyant que tu tardais, et qu'elle était pressée,
    Comme j'ai pu, je l'ai pansée.
    Pour la panser, j'ai pris
    Le baume du pot gris.
Est-ce bien celui-là ? Me serais-je trompée ?
— C'est bon. Après. — Tandis que j'étais occupée

A tout cela, ton fils, à qui j'avais donné
La fauvette à tenir, dans un coin s'est tourné,
Et puis...— Achève donc...— Et puis il l'a plumée.
    — Quoi! plumée ?— Oui, par tout le corps,
Hors les ailes pourtant. La porte était fermée;
Il a bien su l'ouvrir, pour la mettre dehors.
    Elle a volé, la malheureuse !
    Elle volait en gémissant;
    J'entendais sa voix douloureuse,
Qui me saignait le cœur... Nous aurons un méchant.
Juge ce qu'il fera, s'il devient jamais grand !
Voilà, mon bon ami, ce qui me désespère !
Aurais-tu fait cela, quand tu n'étais qu'enfant ?
    Moi qui disais à tout instant :
Mon cher Antoine aura la bonté de son père !
Aussi je l'aimais trop. Que Dieu m'en punit bien !
    — Va, va, console toi, ma chère,
    Sèche tes pleurs, et ne crains rien.
    Il est là-haut une Justice,
    Aux bons parents toujours propice.
S'il doit être un méchant, les Dieux nous l'ôteront;
    Non, jamais ils ne permettront.....
—Approche toi, mon fils; viens, viens, que je t'embrasse,
Que je t'embrasse, hélas, pour la dernière fois !
Tu fais bien de pleurer; je pleure aussi, tu vois;
Mets la main sur mon cœur... tiens, c'était là ta place,
Car je t'aimais, Antoine, et c'était mon bonheur.
Je ne t'aimerai plus.... Oh ! si fait ! j'ai beau dire,
Je t'aimerai toujours, ce sera ma douleur.
Ciel! j'aimerai donc un... J'ai peur de te maudire;
Il faut les ramasser, les plumes de l'oiseau,
    Et les pendre à ce soliveau.
    Ramasse les, ma femme;
Quand nous l'aimerons trop, nous les regarderons;
    En les regardant, nous dirons :
Il ne faut point aimer une aussi méchante âme.

                * 7

Ce pauvre oiseau, (mon fils, reste sur mes genoux)
Ce pauvre oiseau, crois-tu que la seule froidure
    L'ait amené chez nous?
    Non, c'est l'Auteur de la Nature
    Qui le mettait entre nos mains;
C'était nous ordonner de lui sauver la vie.
Il prend soin des oiseaux tout comme des humains,
Et vous l'avez plumé! S'il me prenait envie
De vous envoyer, nu, passer la nuit au froid,
    (Vous m'en avez donné le droit)
    Vous n'auriez pas à vous en plaindre;
Mais je serais méchant, je vous ressemblerais,
    Et, plus que vous, j'en souffrirais.
Ne tremble point, mon fils; va, tu n'as rien à craindre,
Car je sens que je t'aime, et t'aimerai toujours.
    J'espérais que, dans la vieillesse,
De ta mère et de moi tu serais le secours....
    Et tu vas abréger nos jours,
    Par les chagrins et la tristesse!
—Ah! Maman, ah! Papa, baisez moi de bon cœur!
Non, vous ne mourrez pas de chagrin, de douleur.
    Tout le bien que je pourrai faire,
    Je vous promets, je le ferai;
Je serai bon enfant, je vous ressemblerai.
    Aisément un père, une mère
Se laissent attendrir. Antoine eut son pardon.
    Il tint sa promesse, il fut bon;
    Il fut si vertueux, si sage,
    Qu'on le montrait, dans le canton,
    A tous les enfants de son âge.
Un jour qu'il regardait tristement au plancher,
Sa mère, qui le vit, alla prendre une échelle.
    —Monte, mon fils, monte, dit-elle,
    Et va promptement détacher
Les plumes de l'oiseau. C'est là ce qui t'afflige;
    Jette les au feu, ne crains rien,

Ton père le veut bien.
Tu le veux ? n'est-ce pas ?—Oui.—Jette les, te dis-je,
Et qu'il n'en reste aucun vestige.
—Non, Maman, je les garderai ;
A mes enfants, si Dieu m'en donne,
En pleurant, je les montrerai ;
En même temps je leur dirai :
Un jour, je fus méchant, et Maman fut trop bonne.

LE MONNIER.

LE PAON ET LE ROSSIGNOL.

Un Paon vantait son beau plumage,
Un Rossignol, son joli chant.
Se louer ainsi n'est pas sage ;
Mais que de gens en font autant !
Le Paon, dans son orgueil extrême,
Méprisait tout, hors la beauté :
Le Rossignol, de son côté,
Mettait le chant au rang suprême.
La nuit survint fort à propos
Pour terminer cette querelle.
Le plus éclatant des oiseaux
Se perdit dans l'ombre avec elle,
Et les accents de Philomèle (1)
Acquirent des charmes nouveaux.

Tel est l'avantage ordinaire
Qu'ont sur la beauté les talents.
Ceux-ci plaisent dans tous les temps ;
Et l'autre n'a qu'un temps pour plaire.

VITALLIS.

(1) Le Rossignol est appelé *Philomèle* par les poètes.

~~~~~~~~~~~~~~~~~~~~~~~~~~~~~~~~~~~~~~~

L'ABRICOTIER ET LE POMMIER.

Un beau jour du dernier printemps,
Certain Abricotier, tout fier de sa parure,
  Dit au Pommier : Quelle triste figure
  Tu fais ici ? Depuis long-temps
  Ne vois-tu pas mes rameaux blancs ?
Qu'attends-tu pour montrer tes fleurs et ta verdure ?
—Ami, dit le Pommier, est bien fou qui te suit !
De tes hâtives fleurs, quel sera le produit ?
  Rien du tout ; car l'expérience
  Vingt fois déjà te l'a prouvé,
  Et de ta folle diligence,
  Tu sais ce qu'il est arrivé (1).
  Le Pommier achevait à peine,
  Que les Aquilons destructeurs
  Moissonnèrent, de leur haleine,
  Tous les boutons, toutes les fleurs.

Des lueurs dè l'esprit, je vois ici l'image.
  Fleurs précoces, dans les enfants,
  Ne me sont pas d'heureux présages;
  C'est au fruit, que je les attends.

<div align="right">VITALLIS.</div>

~~~~~~~~~~~~~~~~~~~~~~~~~~~~~~~~~~~~~~~

L'ENFANT ET LE LÉOPARD EN PEINTURE.

Certain Enfant, d'un caractère aimable,
  (Je le connais, mais qu'importe au lecteur !)
  Vit un Léopard effroyable,

---

(1) Il aurait fallu : Tu sais ce *qui* est arrivé.

Non pas en vie, il serait mort de peur,
Mais seulement dans un livre, en peinture,
   Représenté d'après nature,
   Par un célèbre voyageur.
L'Enfant d'abord frémit à cette vue,
Puis, de sa main fermée, il frappe l'animal :
Je te tiens aujourd'hui, toi qui fais tant de mal,
Dit-il, bête féroce ! il faut que je te tue.

C'est ainsi que, de loin, nous bravons des objets
Qui glacent de frayeur, quand on les voit de près.

BARBE.

LE GOUVERNAIL ET LES RAMES.

L'OISIVETÉ, dit-on, de tout vice est la mère ;
   D'accord, mais ne confondons pas
Le travail de la tête avec celui du bras.
Siége de la pensée, il faut que la première
   N'agisse que dans le repos ;
   Et souvent on la croit oisive,
   Lorsque sa prévoyance active
   Nous garantit des plus grands maux.

   Les Rames d'une galère
   Insultaient le Gouvernail ;
   Elles disaient en colère :
   Nous faisons tout le travail,
   Et quel en est le salaire ?
   Monsieur nous regarde faire.
Gouvernail paresseux, inutile instrument,
Réponds du moins... Voyez s'il bouge seulement.
   Comme elles tenaient ce langage,
   Tout-à-coup s'élève un orage,
Et vogue la galère ! Un vent impétueux

La livre à la merci des flots tumultueux.
 Voilà nos Rames fort en peine.
On les voit tour-à-tour s'élevant, s'abaissant,
 Pour fendre la liquide plaine.
 Le danger va toujours croissant.
 En vains efforts elles s'épuisent ;
Enfin contre un écueil voilà qu'elles se brisent.
Le Gouvernail, alors agissant à propos,
 Maîtrise la vague indocile,
 Et, par une manœuvre habile,
Sauve le bâtiment de l'abyme des flots.

 Je compare à cette galère
Le vaisseau de l'Etat, qu'un seul doit commander.
Obéir au pilote, et le bien seconder,
 C'est ce qu'on a de mieux à faire.

       M. B.

L'ABEILLE ET L'ÉCOLIER.

DES fleurs nouvellement écloses,
 Pour composer un nectar précieux,
Une Abeille cueillait le suc délicieux.
Elle errait sur le thym, l'amaranthe, les roses,
 Le serpolet, le myrte, ami des Dieux.
Un jeune Adolescent, qui parcourait ces lieux,
Immobile, craignant de lui porter obstacle,
Jetait sur son travail un regard curieux.
Il s'avance, surpris... Mais quel nouveau spectacle
Vient encore étonner son esprit et ses yeux !
 Dans une ruche transparente,
 Il voit une grande cité,
Cité nombreuse, où de chaque habitante
 Il admire l'activité,
L'ardeur, la force et la dextérité.

La troupe toujours agissante
Ignore l'art d'user d'un secours emprunté ;
Elle travaille et se tourmente
Pour les divers besoins de la société.
Chacune a sa tâche, elle augmente
Selon l'âge, le temps et la nécessité.
L'une forme la cire, et l'autre la cimente,
Pour bâtir des maisons à la communauté.
· Dans un réservoir apprêté,
L'autre met en dépôt cette liqueur charmante
Dont on nourrit un jeune enfant gâté.
Un roi... disons mieux, une reine
Leur dicte un ordre respecté ;
Elle parle, et l'on suit avec docilité
Les décrets de la Souveraine.
L'Écolier était enchanté.
Dieu ! disait-il, quelle merveille !
Filles du Ciel, quelle est votre sagacité !
Que j'aime à voir, dans mon oisiveté,
Cette sagesse sans pareille,
Ce bel ordre, cet art, cette vivacité,
Et cette ardeur qui me réveille !
Il louait tout, lorsqu'une jeune Abeille,
Après l'avoir bien écouté,
D'une voix bourdonnante, et sans obscurité,
Lui siffla ces mots à l'oreille.
« Dans cet ouvrage si vanté,
« Adore et reconnais plutôt la Providence.
« Son doigt nous a tracé le plan et l'ordonnance
« Des cases que nous bâtissons.
« Elle a marqué *les fleurs*, et nous les choisissons ;
« Soumises à sa voix, à ses décrets suprêmes,
« Notre mérite est de suivre sa loi.
« Si nous formons le miel, ce n'est pas pour nous-mêmes,
« C'est pour les hommes, c'est pour toi.
« Ainsi, jeune mortel, qui que tu puisses être,

« Remplis, comme nous, ton emploi,
« Et sache qu'ici-bas, le Ciel ne t'a fait naître
« Que pour servir les Dieux, la Patrie et ton Roi. »

MARIN.

LA MARMOTTE ET LA TAUPE.

DE dormir six mois de l'année,
Ne vous corrigerez vous point?
Commère, si j'étais paresseuse à ce point,
J'aimerais mieux n'être pas née,
Quelle honte! quel abandon!
Est-ce en dormant ainsi, qu'on veille à sa maison?
Disait à la Marmotte une Taupe étonnée
De se trouver tant de raison,
Et dont l'orgueil perçait à travers le haut ton.
La Marmotte reprit: Je suis ma destinée,
Chacun son lot; le vôtre est, en toute saison,
Bien fâcheux, au rapport des mulots vos confrères;
Ils disent de vos yeux, qu'ils sont faits de façon,
Que, l'an entier, à vos affaires,
Ou vous ne voyez point, ou vous ne voyez guères;
Cette infirmité-là vaut bien mon long sommeil:
Je ne sais s'il est quelque affaire
Qui tienne, quatre jours, contre un vice pareil.
Quant à moi, sitôt mon réveil,
Je vaque aux miennes, ma commère,
Et, durant six mois pleins, rien ne vient m'en distraire.
La Marmotte n'achevait pas,
Que dans un piége, à quelques pas,
La Taupe, qui l'avait si rudement tancée,
Alla, faute d'y voir, donner tête baissée,
Et subit, sans mot dire, un douloureux trépas.

Cette fable apprend à l'Enfance

A ne pas reprocher aux gens
Des défauts naturels, des vices de naissance,
Sur-tout lorsque soi-même on en a de plus grands.

AUBERT.

LES DEUX ENFANTS.

Un jour Perrinet et Colin,
Deux enfants de même âge, entrés dans un jardin,
S'égayaient à la promenade,
Et sous des marronniers faisaient mainte gambade.
Ils trouvèrent sur le gazon
Un fruit plein de piquants, fait comme un hérisson.
Colin le ramassa; son petit camarade
Le crut un sot : Tu tiens, dit-il, un mets
Des plus friands pour les baudets;
C'est un chardon, et ton goût est étrange :
Pour moi, je vois des pommes d'or,
Voilà mon fait, et la main me démange.
Perrinet à l'instant se saisit d'une orange,
Et croit posséder un trésor;
(La couleur du métal que l'univers adore,
Séduit jusqu'aux enfants.) Celui-ci bien joyeux,
Admire un si beau fruit, et s'imagine encore
Qu'il est d'un goût délicieux.
Il y fut attrapé, notre petit compère,
Car cette orange était amère.
Aussitôt qu'il en eut goûté,
Il la jeta bien loin. Colin, de son côté,
S'était piqué les doigts; mais sa persévérance
Surmontant la difficulté,
Trouve un marron pour récompense.

Ce marron hérissé figure la science
Qui, sous des dehors épineux,

Cache d'excellents fruits, tandis que l'ignorance,
    Sous une riante apparence,
Produit des fruits amers et souvent dangereux.

                                        RICHER.

LA MODESTIE.

Lorsque Jupiter prit le soin
D'assigner aux vertus leur rang auprès de l'Homme,
    Celle qui méritait la pomme,
La Modestie, était demeurée en un coin;
Elle fut oubliée, on ne la voyait point.
    O vous, que la grâce accompagne,
    Lui dit le Dieu, les rangs sont déjà pris;
Mais des autres vertus vous serez la compagne,
    Vous en rehausserez le prix.   G.

LE ROI, LE PAYSAN ET L'ERMITE.

Un Roi tourmenté d'insomnie,
(On m'a dit que ce mal était le mal des rois)
    Vit à la chasse un Villageois,
    Etendu dans une prairie,
    Qui reposait si doucement
    Et dormait si profondément,
Que du triste monarque il excita l'envie.
    Au même endroit, un Ermite passait,
Homme sage et qu'alors partout on respectait;
Faisant peu de sermons, ne prêchant que d'exemple,
De toutes les vertus son cœur était le temple.
    Le Roi l'arrête et lui dit : Homme saint,
De grâce, enseignez moi pourquoi ce misérable,
Que le malheur poursuit, que la fortune accable,
Malgré les maux qu'il souffre, et malgré ceux qu'il craint

Bien loin de désirer le ciseau de la Parque,
Dort si paisiblement, et bien mieux qu'un monarque.
Sire, répond l'Ermite, un pauvre Villageois
Ne condamne personne, et ne fait point de lois;
Jamais l'ambition ne trouble sa pensée;
Des fautes qu'il commet, seul coupable et puni,
Ses chagrins sont l'impôt, la taille, la corvée.
Il travaille pour vous, et vous veillez pour lui;
De plaisirs et de maux, ce consolant partage,
D'un Dieu juste et clément est l'immortel ouvrage :
Vous avez tous les biens, ils ont tous les travaux;
Vous avez les remords, ils ont le doux repos.
Rois, qui nous gouvernez, portez mieux vos couronnes,
Que les honnêtes-gens soient seuls vos favoris;
  Et, pour mieux dormir dans vos lits,
  Dormez un peu moins sur vos trônes.
Ainsi parla l'Ermite, et le Roi furieux
  Le fit punir, et n'en dormit pas mieux.

      De Ségur aîné.

LE PAPIER, L'ENCRE, LA PLUME ET LE CANIF.

Certain disciple d'Uranie,
D'un manuscrit, dont il était l'auteur,
Se promettait pour lui gloire infinie,
  Et grand profit pour son lecteur.
  L'Homme, en son livre, allait apprendre
A corriger ses mœurs, à mieux régler ses vœux;
Il y donnait enfin, à qui saurait l'entendre,
  Le beau secret de vivre heureux.
  Un soir que de cette chimère
Sa vanité l'entretenait tout bas,
  Un bruit soudain vint le distraire;

Et le voilà témoin auriculaire
  Du plus étrange des débats.
  Les querelleurs étaient la Plume,
  Le Papier, l'Encre et le Canif.
  Tous quatre, du ton le plus vif,
Se disputaient l'honneur de l'éloquent volume.
  Sans moi, leur disait le Papier,
N'en doutez pas, le plan de cette œuvre immortelle,
  Serait encor dans la cervelle
  Du grave Auteur qui va la publier.
    — Fort bien, mon très blême compère !
    Répondit l'Encre avec aigreur ;
    Dis moi pourtant, et sois sincère,
Dis ce que de ta peau l'Ecrivain eût pu faire
  Sans le beau noir de ma couleur ?
— Comme chacun de vous parle à son avantage!
Que vous l'entendez bien ! ajoutait à l'instant
La Plume, comme on sait, sujète au bavardage ;
J'admire votre ton ; sans mon bec, cependant,
Seriez-vous l'un et l'autre ici du moindre usage?
    — Oh ! oh ! le propos est plaisant,
Dit enfin le Canif ! et te voilà bien vaine!
A qui dois-tu ce bec que tu nous vantes tant ?
    Il était clos, qu'il t'en souvienne,
Et le serait encor sans mon acier tranchant.
  Là, de leur part, cessa toute apostrophe,
    Et, grâces à leur vanité,
Dans cette affaire-ci, Monsieur le philosophe
    Pour rien fut à-peu-près compté.

Qu'on ne s'étonne point de leur folle jactance,
  C'est celle de beaucoup de gens,
Qui, bien que mis en œuvre en choses d'importance,
  N'en sont pas moins, malgré leur suffisance,
    De mécaniques instruments.

                                    MUGNEROT.

LE MÉRITE ET LE HASARD.

Oɴ m'a conté qu'au temple de la Gloire,
A son tour, le Mérite un jour voulut entrer :
 Or vous pouvez déjà vous figurer
 Des envieux la méchanceté noire,
Ce qu'il eut de périls, d'obstacles à braver !
Il ne sait point ramper, ainsi vous pouvez croire
 Qu'il était tard, lorsqu'il put arriver ;
 Mais vous pensez au moins qu'il dut trouver
 Le temple ouvert et la couronne prête,
 Qu'on l'accueillit, qu'on lui fit fête.
 Vous vous trompez, le temple était fermé.
Le Mérite aux refus doit être accoutumé.
Il ne se plaignit point, on sait qu'il est modeste.
Près de lui cependant un aveugle portier,
 De temps en temps, sans se faire prier,
Ouvrait à mille fous qui marchaient d'un air leste ;
 Sans examen, il les faisait entrer ;
Leur course était rapide, et leur chute était prompte.
Arrivés pleins d'orgueil, ils sortaient pleins de honte,
 Et pas un d'eux n'y pouvait demeurer.
Au Mérite à la fin le vieux portier s'adresse,
L'appelle par caprice, et le tirant à part,
Lui dit : Votre froideur me surprend et me blesse ;
Vous comptez sur vos droits aux yeux de la Déesse ;
Vous m'avez méprisé, mais vous entrerez tard,
 Et je prétends faire un exemple,
 Pour prouver que la clef du temple
 Ne sort pas des mains du Hasard.
 —Je sais quelle est ton injuste puissance,
 Dit le Mérite, et j'en connais l'excès ;
Mars te laisse son glaive, et Thémis, sa balance.
Arbître des revers, arbître des succès,

Ici tout est soumis à ton pouvoir funeste ;
De ce temple, à ton gré, tu peux donner l'accès,
Mais le Mérite seul y reste.

DE SÉGUR aîné.

L'OISEAU ET L'AMANDIER.

Un jeune Oiseau, perché sur un prunier,
Vit tout-à-coup un Amandier :
Le bel arbre, dit-il ! et quel charmant feuillage !
Allons goûter ces fruits ; je gage
Qu'ils sont mûrs et délicieux.
A ces mots, fendant l'air d'un vol impétueux,
L'Oiseau bientôt, ainsi qu'il le désire,
Se trouve transporté sur l'arbre qu'il admire ;
Lors aux amandes s'attachant,
Il veut les entamer, mais inutilement,
Et de son bec, en vain, il épuise la force :
Ce fruit, dit-il, est dur, amer et dégoûtant.

Ne nous étonnons pas de son raisonnement,
Il ne jugeait que sur l'écorce.

Madame DE GENLIS.

LE CYGNE ET L'OIE.

Un riche, à la campagne, et pour son agrément,
Nourrissait avec soin un Cygne avec une Oie ;
Tous deux avaient un plumage d'argent ;
Tous deux faisaient son bonheur et sa joie.
Le Cygne, au sein des eaux, par son chant amoureux,
Réjouissait son maître et tout le voisinage.
L'Oie, un jour de festin, en pompeux étalage,
Devait offrir sur table un mets délicieux.

Ce jour arrive ; un repas somptueux
Est commandé. Sur l'Oie aussi blanche que grasse,
Le cuisinier, suivant l'ordre reçu,
Se dispose à faire main basse.
C'était le soir. Par la couleur déçu,
Pour l'Oie, ô ciel! le bourreau prend le Cygne.
Ce pauvre oiseau, le cou tendu,
Allait périr. Soudain, par un bonheur insigne,
Trompant du sort l'influence maligne,
Il fait entendre un chant plein de douceur.
Qui fut pénaud? le cuisinier sans doute.
Tout aussitôt vers l'Oie il dirige sa route,
Et, lui donnant la mort, répare son erreur.

Heureux celui qui, dans la fleur de l'âge,
Fait provision de talents!
Si le savoir est utile en tout temps,
Au sein de l'infortune il l'est bien davantage.
Dans l'exil ou dans l'esclavage,
Pauvres, et maudissant l'inclémence du sort,
J'ai connu maint grand personnage
Que leurs talents ont sauvés de la mort.

BOINVILLIERS.

NOTE.

Madame F. devait écrire ainsi, aux fautes de style près : *J'ai vu votre cher mari, qui est venu me voir ici, il y a à-peu-près huit jours. Je ne l'ai pas reconnu, tant il est changé à faire peur! J'ai été bien surprise en le voyant arriver chez moi, car je le croyais encore à Lyon.*

Madame L. : *Nous aurons ce soir un beau bal chez Madame Gentil, venez-y; on y verra les plus belles femmes de Paris. Je crois que nous nous y amuserons beaucoup; mon mari n'y sera point, étant allé, pour ses affaires, à Dunkerque.*

Madame P. : *Je ne suis pas surprise si vos procédés répondent si mal à ceux que j'ai eus pour vous. Vous êtes dans l'erreur, et je m'engage à vous le prouver. Au reste, vous pouvez être bien tranquille sur moi en qui vous trouverez la justice et les procédés qu'on se doit réciproquement.*

Madame V. : *J'ignore comment on peut dire du bien de cette pièce; il n'y a pas dedans un seul petit mot pour rire. Les Comédiens qui y jouent, n'y sont pas supportables. Saint-Fal est celui que j'aime le mieux, parce qu'il y a un air tragique et passionné.*

M. C. devait écrire ainsi : *Celle-ci est pour vous accuser réception de votre lettre que j'ai reçue, datée d'avant-hier, et pour vous demander de nouvelles étoffes, pareilles à celles que vous m'avez envoyées par la voiture publique de Rheims, en Champagne, si toutefois elles ne sont pas plus chères.*

M. F. : *Je vous enverrai mon fils, Monsieur, et vous prierai de lui remettre les papiers que je vous ai confiés sur votre demande. J'espère que vous voudrez bien ne pas faire difficulté de lui en faire la remise sur celle que je vous fais à mon tour.*

M. G. : *Ils furent entendus et déposèrent, selon le témoignage de leur conscience, de ce qu'ils avaient vu et entendu. Anguerrand fut décrété, les parties furent renvoyées à fins civiles. On assure que les témoins qu'il avait produits, avaient déposé contre lui ; on ignore ce qu'ils ont dit.*

M. R. : *Ma femme se porte bien. Elle sent aujourd'hui de quelle nécessité est la Grammaire française ; aussi commence-t-elle à l'étudier un peu. Je lui ai donné Restaut à lire ; elle a déjà fait quelques extraits qu'elle m'a montrés, je les ai trouvés bien nets ; mais, en revanche, j'y ai aperçu bien des fautes d'orthographe, que je lui ai corrigées. C'est un parti que je vais prendre par la suite.*

Je soussigné, officier de santé, certifie avoir été appelé cejourd'hui vingt-huit du courant, vers les neuf heures et demie du soir, chez Madame

Robert, rue Vainsandau, pour constater le déses-
poir du nommé Jacques Guerdain, lequel j'ai
trouvé assis sur une chaise, soutenu par plusieurs
personnes, baigné dans son sang, frappé de qua-
tre coups de couteau, au sein gauche, dont deux
de la profondeur de cinq à six lignes, et les deux
autres très légers. Je lui ai fait le pansement, et
j'ai arrêté l'hémorragie. Ensuite je suis allé auprès
de Madame Robert, dont j'ai pansé une blessure
au-dessous de la partie inférieure de la mamelle
droite, faite par le même couteau, de la longueur
d'un pouce, suivie d'une forte hémorragie. Je lui ai
fait le pansement, et j'ai arrêté l'hémorragie. En
foi de quoi j'ai dressé le présent procès-verbal pour
servir au besoin. Bordeaux, le 29 brumaire, an
dix.

NOTA. On s'est borné à corriger ici les fautes
d'orthographe; quant au style de ces Messieurs et
de ces Dames, il y aurait, en vérité, trop de changements à y faire.

NOTE.

(a) La plûpart des Lexicographes ne donnent qu'un genre au substantif *sentinelle* ; mais nous pensons , avec beaucoup de gens de lettres, qu'il faut distinguer *sentinelle* (celui qui fait le guet à un posté), de *sentinelle* (fonction de ce soldat faisant le guet) : et , dans ce cas, le second est du genre féminin , et le premier , du genre masculin :

« Ces postes menaçants, ces nombreux sentinelles,

« Qui veillent, nuit et jour, aux portes éternelles. »

DELILLE.

TABLE
DES MATIÈRES.

www.ingramcontent.com/pod-product-compliance
Lightning Source LLC
Chambersburg PA
CBHW072241270326
41930CB00010B/2225